Menopausa sem Mistérios

Aldineia A. Martins

Menopausa sem Mistérios

As mais recentes descobertas

Editora Rosa dos Tempos

CIP-Brasil. Catalogação-na-fonte
Sindicato Nacional dos Editores de Livros, RJ

M341m
Martins, Aldineia A.
Menopausa sem mistérios: as mais recentes descobertas / Aldineia A. Martins. – Rio de Janeiro: Record: Rosa dos Tempos, 1996.

Inclui bibliografia
ISBN 85-01-04765-1

1. Menopausa – Obras populares. 2. Mulheres – Saúde e higiene. I. Título.

96-1918
CDD – 612.665
CDU – 612.662.9

Direitos exclusivos de publicação adquiridos pela
EDITORA ROSA DOS TEMPOS
Um selo da
DISTRIBUIDORA RECORD DE SERVIÇOS DE IMPRENSA S.A.
Rua Argentina 171 – 20921-380 Rio de Janeiro, RJ – Tel.: (021) 585-2000

Impresso no Brasil

ISBN 85-01-04765-1

PEDIDOS PELO REEMBOLSO POSTAL
Caixa Postal 23.052 – Rio de Janeiro, RJ – 20922-970

Este livro é dedicado com carinho aos meus melhores amigos, Fabio e Suzana, filhos queridos, companheiros de todas as horas

Um agradecimento especial,
ao Prof. Dr. Ronald Bossemeyer,
incentivador deste trabalho,
e que nos deu a
honra de prefaciá-lo

PROF. DR. RONALD BOSSEMEYER

Presidente da Sociedade Brasileira de Climatério e Menopausa — Sobrac

Membro do Comitê Executivo da Sociedade Mundial de Menopausa

Professor Catedrático de Ginecologia da Faculdade de Medicina de Santa Maria — RS

Sou Profundamente Grata

Aos meus pais, por terem me apoiado na decisão de ser médica, e pelo incentivo sempre presente

À Herminda, que soube atravessar sua menopausa com otimismo, sem se deixar abater pelas angústias e depressão dessa fase da vida

À Madalena, amiga preciosa e fiel companheira de todas as horas na confecção deste trabalho

Às minhas pacientes, pelo muito que me ensinaram e me suscitaram a aprender

Às amigas e companheiras, mulheres maravilhosas com as quais tenho dividido o prazer de ser mulher

Aos colegas, pelo salutar convívio profissional

Aos mestres, com os quais aprendi e continuo aprendendo a arte da medicina

SUMÁRIO

Prefácio

Com prazer acedi ao pedido da colega e amiga Aldineia Martins para apresentar o seu livro que li com atenção e interesse de "um só gole".

A Dra. Aldineia, dotada de amadurecida vivência clínica auferida durante muitos anos de prática em seu consultório, aborda com propriedade os aspectos técnicos do tema tão atual quanto importante que escolheu para discorrer: o climatério.

Sua abordagem do conceito de climatério e de suas manifestações sobre o aparelho genital, assim como os demais setores do corpo feminino, foi feita na medida do necessário ao perfeito entendimento do que se passa no organismo da mulher a partir da meia-idade.

O enfoque que salienta a prevenção das conseqüências mais sérias da privação estrogênica, como doenças cardiovasculares e a osteoporose, assim como as manifestações sobre órgãos genitais, mamas e aparelho urinário da mulher, é esclarecedor, a meu ver, na medida do necessário para promover a saúde e satisfazer a curiosidade normal de toda mulher no que tange ao melhor conhecer-se. Vale dizer o mesmo quanto ao tratamento do climatério, em todas as suas alternativas.

Mas creio, com convicção, que este livro destina-se ao sucesso pelo fato de haver sido escrito de mulher para mulher, de maneira compreensiva e compreensível, discutindo (com profundidade) aspectos que habitualmente não fazem parte de livros do gênero. Refiro-me à problemática do envelhecimento, às referências à higiene e às vestimentas, aos exercícios físicos e ao trabalho; completam este elenco de informações os capítulos sobre cosmetologia e cirurgia plástica.

Antes de concluir, quero salientar a percepção da autora ao deter-se com propriedade nos aspectos psíquicos da mulher climatérica, assim como nos grupos de apoio, sua razão de ser e sua importância nessa fase da vida.

Devo aludir, por fim, à desmistificação e à conclamação ao exame médico como instrumento de promoção da saúde e detecção precoce de distúrbios que podem interferir na qualidade de vida, objetivo final não-verbalizado de todo esforço utilizado pela mulher moderna informada que se encontra aos cuidados de profissionais da saúde atualizados e atuantes.

RONALD BOSSEMEYER

Professor Titular
Departamentos de Ginecologia e Obstetrícia do Centro de Ciências da Saúde da Universidade Federal de Santa Maria
Presidente da Sociedade Brasileira de Climatério

Apresentação

Climatério e menopausa têm sido assuntos de destaque em congressos, literatura médica e publicações leigas, principalmente agora com o avanço da medicina, o domínio da fisiologia da reprodução e o surgimento de substâncias capazes de substituir os hormônios naturais da mulher.

A relação direta entre a privação hormonal do climatério e inúmeras doenças, como as cardiovasculares e a osteoporose, tornou a hormonioterapia um assunto atualíssimo. Sem dúvida, para aliviar seus sintomas a população feminina livrou-se dos fantasmas da menopausa e moldou-se à nova orientação médica diante do climatério.

Cada vez mais, mulheres famosas em todo o mundo estão fazendo alarde de suas idades e quebrando barreiras. Escrevem *best-sellers*, ganham Oscars, entram em maratonas e disputam cargos políticos. Definitivamente é melhor sermos mais velhas, se juntamente com o amadurecimento psíquico conquistarmos um bem-estar físico. Aos quarenta anos, após termos mentido tanto nossa idade, durante tanto tempo (na maioria das vezes), ninguém poderá saber se temos realmente quarenta anos. Enfim nos encontramos diante do espelho, e é chegada a hora do resgate da auto-estima, da valorização de tantos anos de existência e momentos maravilhosos que foram vivenciados. Trazemos em nossa bagagem a competência do saber e a capacidade do poder.

No próximo milênio, teremos que optar entre uma sociedade totalmente mecanizada, onde seremos apenas engrenagens de uma máquina, e uma sociedade fortalecida, tendo colocado a técnica a serviço do homem. Somente esta última posição poderá nos conduzir a uma prevenção social, econômica e científica dos graves problemas advindos do envelhecimento progressivo da nossa sociedade.

Este livro tem o intuito de esclarecer às mulheres o que são climatério e menopausa, sem os seus mistérios, e principalmente orientá-las a respeito dos benefícios que poderão advir de um tratamento de reposição hormonal.

Como médica ginecologista, iniciei meus estudos de aperfeiçoamento no tratamento do climatério e menopausa quando estava com quarenta anos. Após inúmeros artigos e palestras, tendo vivenciado a falta de conhecimentos dessa etapa de nossas vidas, decidi colocar numa linguagem de fácil entendimento todos os tabus relativos ao assunto em pauta. Pretendo com meu trabalho facilitar a travessia dessa fase, demonstrando a cada mulher que não é a menopausa que nos sufoca, e sim a maneira como a encaramos.

Se ao final dessa longa jornada conseguir o meu intento, terei cumprido satisfatoriamente a missão a que me propus.

A AUTORA

1. Introdução

Através dos tempos, tivemos conhecimentos das mudanças físicas e psíquicas que acometeram as mulheres durante o período pré e pós-menopausa.

Apesar de se conhecer de longa data o climatério como uma etapa da vida da mulher, até pouco tempo havia poucos esclarecimentos, tanto na literatura médica quanto na leiga, sobre esse assunto. Alguns estudiosos até prediziam ser a menopausa um fantasma que não adquire nacionalidade. Esta fase foi sempre denominada "idade crítica", caracterizada por um conjunto de fenômenos circulatórios e nervosos.

Temos também conhecimento de que o estudo experimental da menopausa é muito limitado, uma vez que a maioria dos mamíferos sobrevive poucos anos após terminar o seu período de reprodução. Atualmente apenas os primatas têm menopausa.

O panorama do climatério mudou muito com a identificação dos dois hormônios femininos: estrogênio e progesterona. Sabemos que as causas do climatério se baseiam nas quedas hormonais que têm lugar na vida da mulher com o desaquecimento da função dos órgãos que produzem esses hormônios. O interesse pela atuação dos hormônios na vida da mulher foi aumentando junto com o número crescente de mulheres que vivem décadas depois da menopausa. A necessidade do saber é tanto científica quanto social, pois sabe-se que noventa e cinco por cento das mulheres nos países desenvolvidos chegam à menopausa.

As estatísticas da Organização Mundial de Saúde (OMS) indicam que temos aproximadamente 750 milhões de pós-menopáusicas em todo o mundo. Estes dados demonstram a importância qualitativa e quantitativa dessa faixa etária em toda a massa populacional do planeta. O censo mundial de 1995 estima a população feminina em 2,8 bilhões, sendo que 1,4 bilhão de mulheres no climatério.

Há mil anos, a expectativa de vida média era de 25 anos; em 1900, a vida média na África e Ásia era por volta dos 40 anos. Na América Latina, atingia os 50 anos, e no Oriente, 45. Na Europa às vésperas da Segunda Guerra Mundial, a expectativa de vida média era ao redor de 66 anos. Em resumo, após a menopausa a mulher viverá de 25 a 30 anos em situação de privação hormonal, ou seja, mais de um terço de sua vida, em muitos casos.

No entanto, em países subdesenvolvidos, onde esses números não são tão positivos, a vida média tem aumentado, e tudo indica que continuará a aumentar. Apesar de a vida média ser medida pelos anos vividos, não podemos deixar de considerar a qualidade dos mesmos. Não só devemos dar *anos* à *vida* como *vida* aos *anos*.

É inegável que a reposição hormonal ocupa atualmente um papel de extrema importância no tratamento do climatério e menopausa, juntamente com as demais terapias.

A meta fundamental dos especialistas é melhorar o bem-estar orgânico e emocional da mulher na menopausa, sem criar novos problemas em substituição aos solucionados. Não recomendamos o uso indiscriminado de hormônios, e nem toda mulher deve ser tratada. Nem sempre a resposta é a esperada, e às vezes podem ocorrer efeitos adversos. É certo que a supervisão médica do tratamento é indispensável, mas feliz é a mulher que aceita a recomendação para o tratamento de reposição hormonal e que não demonstra rejeição. Esta pode e deve receber os hormônios indicados até a extrema velhice.

É importante ressaltarmos que a reposição hormonal terá maiores possibilidades de êxito quando associada a medidas complementares, tais como dietas adequadas, ricas em cálcio e proteínas e pobres em gordura e açúcar, e ainda aliadas a exercícios físicos.

A sexualidade também é parte integrante da preservação do bem-estar emocional, e a família como também a sociedade devem contribuir para assegurar à mulher na menopausa uma felicidade integral.

Fatores que Causam Impacto no Climatério

I. Internos

1. Endócrinos ou metabólicos — são devidos ao funcionamento alterado do nosso organismo. Estes fatores são extremamente pessoais, isto é, variam de mulher para mulher. O metabolismo é um processo intrínseco a cada organismo.
2. Fatores genéticos — não existe confirmação científica de que haja um fator de hereditariedade quanto à idade em que se instala a menopausa. Isto quer dizer que a data em que ela se instala em uma mulher independe da época em que ela ocorreu em suas ancestrais.
3. Personalidade — a mulher que valoriza muito a beleza física terá maior tendência à depressão. As mulheres de vida ociosa com muito tempo para reflexão terão enfoques distintos: se sua vida, de uma maneira geral, foi boa e alegre, sua tendência será a de encarar essa fase com tranqüilidade; entretanto, se o número de fracassos tiver sido maior que o de vitórias, raramente ela deixará de caminhar para a depressão. Mulheres de personalidade forte, combativas, com garra de luta durante toda a sua vida conseguirão sem dúvida ultrapassar esse período com maior tranqüilidade que as demais. As calmas terão vantagens sobre as nervosas; e as magras, sobre as obesas.

II. Externos

1. Fator cultural — o climatério será encarado de diversas formas conforme cada cultura. Por ser ele um marco para uma nova etapa da vida, deverá ser enfocado em relação ao fato de a sociedade valorizar ou não a meia-idade. Em nosso meio, a menopausa representa a decrepitude, pois nossa cultura reverencia o jovem em detrimento dos mais idosos.

Enquanto o declínio dos níveis de estrogênios na menopausa é universal, a visão da menopausa e o enfoque da mulher idosa não o são. Por exemplo, na Índia, estudos na casta Rajput demonstraram que as mulheres, obrigadas a usarem véus e a ficarem segregadas dos homens (com exceção de seus maridos), só depois da menopausa é que têm permissão para deixar seus lares, fazer visitas, tomar bebidas fermentadas e conversar com homens nas reuniões sociais. Logo, as Rajput julgam-se premiadas com a menopausa, o que faz com que a maioria delas a aguarde ansiosamente e tenha dela uma visão positiva.

Culturalmente, em nosso meio, por haver na menopausa uma decadência da beleza física, ela é encarada como um entrave para a vida sexual, contribuindo para a queda da sexualidade. Felizmente esses conceitos estão sendo alterados, e as mulheres de 40 e 50 anos hoje em dia estão começando a colher os benefícios dessa mudança positiva. Estão aprendendo que nem sempre a idade impõe limites, e que os anos maduros podem constituir um período emocionante em suas vidas.

2. Fator social — durante o período do climatério, a mulher atravessa um mar de ondas revoltas. É fácil culpar suas modificações hormonais por tudo que as aflige. A menopausa ocorre em um período crítico da vida, de transição e de mudanças que podem acarretar muita tensão. Esse processo causa sintomas físicos e emocionais idênticos aos atribuídos à menopausa. Assim, circunstâncias como a saída dos filhos do lar para seguirem o próprio caminho, a in-

versão de papéis com os pais idosos, o casamento e a crise da meia-idade, o divórcio, a viuvez ou a falta de parceiro de uma forma geral contribuem para a exacerbação dos sintomas da menopausa.

3. Fatores climáticos — logicamente, nos países de clima tropical, onde a temperatura média é bem mais elevada, os fogachos e a sudorese se intensificam, e mais precocemente a mulher notará esses sintomas. Em outras regiões com clima de temperatura amena, esses sintomas passariam ainda despercebidos, e sinais como o rubor da face, pescoço e colo tendem a aparecer mais tardiamente. Entretanto, como já reafirmamos anteriormente, os fatores internos são predominantes em relação aos climáticos.

2. Histórico

No passado, quando a mulher não sobrevivia aos seus ovários, os problemas decorrentes do hipoestrogenismo eram de pouca conseqüência. A menopausa sempre existiu, mas apenas um pequeno número de mulheres vivia depois dela.

No Império Romano (século I), a vida média das mulheres era de cerca de 25 anos. Embora houvesse mulheres idosas, a maioria morria antes de atingir a menopausa. Na virada deste século, a idade média atingiu os 50 anos, época em que geralmente ocorria a menopausa. Hoje em dia, em países mais avançados como os Estados Unidos, Japão e alguns da Europa Ocidental, a expectativa de vida da mulher se situa em torno dos 80 anos. Em outros países como Sudão, Paquistão, Angola e Nigéria, encontra-se ainda ao redor dos cinqüenta anos. No Brasil, dados do IBGE revelam a média de 66 anos. Logo, as mulheres hoje vivem um terço de sua existência depois da menopausa e sofrem as queixas vasomotoras, emocionais e metabólicas freqüentemente associadas à deficiência estrogênica.

Hoje, a compreensão de que existe uma população sempre crescente de mulheres no climatério é um problema de grande preocupação para as comunidades médica e leiga. As mulheres menopáusicas constituem cerca de 20 a 35 por cento da população total dos países subdesenvolvidos e desenvolvidos. Existe portanto um número considerável de pessoas que exigem merecida atenção para seus problemas específicos.

Não existe na história registro de distúrbios do climatério

antes do século XVIII. A primeira referência médica ao assunto nos chega através da literatura inglesa, um "guia para mulheres" publicado por volta de 1727, de autor anônimo. Chamava atenção para os distúrbios que a maioria das mulheres sofria entre os 40 e 50 anos de idade: "Quando os fluxos começavam a falhar e por fim as abandonavam, elas eram freqüentemente acometidas por severas dores de cabeça, coluna e quadril."

Há indicações de que certas queixas eram simultâneas às irregularidades menstruais da pré-menopausa, mesmo não havendo registros de distúrbios no climatério antes do século XVIII. As mulheres da classe alta reclamavam de que o climatério lhes roubava a sexualidade. Nas cortes européias, se uma dama da aristocracia gerasse um herdeiro ou herdeira, estava, pelo menos informalmente, liberada para as aventuras românticas, seguindo as inclinações de seu coração: tinha o mesmo direito que os homens. Podia, por exemplo, escolher ou trocar de amantes à vontade, mas para isso deveria ser jovem e atraente. A degradação do climatério geralmente significava o fim do seu *status* e das suas aventuras.

A ciência, a medicina e as mulheres acreditavam que o envelhecimento sexual que acompanhava o climatério era devido aos efeitos tóxicos do sangue menstrual "retido" e também que, após a cessação das regras, as toxinas anteriormente excretadas permaneciam no organismo e destruíam o corpo por dentro. As curandeiras tentavam garantir a continuação da "excreção" natural através de substâncias, sanguessugas aplicadas na genitália ou, com a ajuda de cirurgiões-barbeiros, sangrias nas veias do órgão genital externo (vulva). Apavoradas ante a ameaça de perderem a atração sexual, as mulheres estavam prontas a suportar qualquer sacrifício que prometesse resultados.

No final do século XVIII, começaram a ser publicadas inúmeras teses sobre o climatério, a maioria na Universidade de Paris. O Iluminismo estava abrindo os horizontes intelectuais. Os cuidados médicos, antes restritos aos homens, foram estendidos às mulheres. Estas, que haviam se livrado do ridículo preconceito de que o "belo sexo" fora feito para o entretenimento do homem, foram muito além de apenas solicitar ajuda durante o parto: começaram a visitar os médicos para expor suas queixas, abandonando as curandeiras.

Os médicos por sua vez descobriam que nada sabiam sobre suas pacientes, e assim aprendiam dia a dia quase tudo sobre os desconfortos e os vários distúrbios atribuídos à cessação das menstruações. As três opiniões divergentes entre os médicos conservadores e radicais no final do século XVIII já estavam patentes: havia os que ajudavam as mulheres de modo parcial, os que deixavam tudo ao sabor da natureza, e os radicais, que insistiam na ação médica. A discórdia já estava instalada antes de a síndrome climatérica ter sido completamente definida.

O fim do século XVIII e o início do século XIX foram marcados por mudanças determinadas pela Revolução Francesa. As mulheres climatéricas desse período foram submetidas em grande escala a uma experiência histórica. Haviam perdido as posses, a elevada condição social, e recusaram-se a perder seu último tributo: a atração sexual. Em pânico, acorreram para seus médicos e exigiram ação. Eles no entanto não tinham outra escolha senão continuar empregando os incorretos métodos tradicionais. A controvérsia acerca do tratamento climatérico logo se tornou objeto de acaloradas discussões médicas.

Durante o primeiro quarto do século XIX, mais de 30 teses foram apresentadas nas universidades francesas. Uma delas, de Gardanne (1812), deu origem ao primeiro livro inteiramente dedicado ao climatério. Foi ele quem primeiro usou o termo menopausa. O interesse clínico pelo climatério permaneceu constante na França durante todo o século XIX. Médicos britânicos e americanos que em meados de 1860 iam a Paris para os estudos de pós-graduação tomaram conhecimento da visão francesa de menopausa, mas voltaram com a opinião de que aquilo era uma doença francesa. Os que retornaram à Inglaterra e tentavam aplicar o que tinham aprendido na França eram vistos com desconfiança.

A suspensão da sexualidade no climatério, indubitavelmente, deu origem a vários distúrbios de comportamento entre as mulheres inglesas que aceitavam o seu destino e se sentiam aliviadas por não estarem mais sujeitas à tirania do útero. Com suas grandes famílias exigindo cuidados, não se consideravam relegadas ou diminuídas. Adaptadas, pouco sentiam os desconfortos do climatério. Levando vida monogâmica, raramente sofriam infecções genitais, e em suas famílias numerosas encontravam suporte emocional para aceitar o fim da reprodução.

No início do século XX, entretanto, os tempos tornaramse difíceis. Uma longa depressão econômica estabeleceu-se na Europa. Ninguém podia sustentar grandes famílias, como no início da era vitoriana. As técnicas de anticoncepção, antes privilégio da classe alta, chegaram à classe média. As famílias ficaram menores, e as mulheres climatéricas começaram a se sentir sozinhas, pois os filhos abandonavam suas cidades em busca de novas oportunidades de trabalho. Incapazes de suportar a angústia e ansiedade dessa situação, freqüentemente ficavam doentes. Outra vez, fatores demográficos e sociais levaram a que a atenção médica se voltasse para os distúrbios do climatério.

Chegamos assim à era moderna, pontificada pela pesquisa endocrinológica (estudo das glândulas do nosso corpo). Em 1923, foram descobertos e isolados hormônios femininos nos ovários. Esses hormônios ovarianos foram isolados nos 12 anos seguintes. Por volta de 1930, eles já estavam sendo experimentados no tratamento do climatério, inicialmente na Alemanha e logo após nos Estados Unidos. As décadas de 40 e 50 presenciaram enorme progresso da hormonoterapia em geral.

O tratamento hormonal do climatério ganha impulso com a publicação, em 1966, do livro de Robert Wilson, *Feminine Forever* (feminina para sempre). Os estrogênios, hormônios femininos, passaram a ser a droga milagrosa. O diálogo se instalou, e, juntos, as mulheres e os ginecologistas moldam a presente história da terapia hormonal do climatério.

3. O que É Climatério? O que É Menopausa? Menopausa Precoce

Climatério — do gr. *klimacton* = crise — É o conjunto de alterações orgânicas e emocionais cujo início se confunde com o final do período reprodutivo. É a fase em que a mulher perde a sua capacidade reprodutiva.

Pré-menopausa — ou perimenopausa — É o período, de duração indefinida, que antecede a menopausa e se manifesta por alterações do ciclo menstrual.

Menopausa — É a parada definitiva da menstruação, espontânea ou cirúrgica, através da retirada do útero feminino ou de ambos os ovários. A Organização Mundial de Saúde (OMS) define menopausa como a interrupção das menstruações resultante do término da atividade folicular ovariana. A perimenopausa ou climatério é o período que vai desde o início das manifestações endocrinológicas, biológicas e clínicas, antes da menopausa, e que perdura até o final da mesma.

Pós-menopausa — É definida como a época após doze meses de falta das menstruações.

O climatério é uma fase da vida da mulher caracterizada por um conjunto de alterações no corpo (físicas) e na mente (psíquicas) que ocorrem no final do período fértil feminino. Nesta fase da vida da mulher (dos 40 aos 65 anos aproximadamente), ocorre a diminuição de produção dos hormônios femininos, ocasionando vários sintomas e sinais.

Um dos sinais muito valorizados pela mulher é a menopausa, ou seja, a parada definitiva das menstruações, que ocorre em média entre os 45 e 50 anos. Entretanto, os primeiros sinais do climatério, com os ciclos menstruais irregulares, podem aparecer vários anos antes da interrupção da menstruação.

Para entendermos as alterações da mulher durante o climatério é fundamental conhecermos os processos naturais pelos quais passa o sistema reprodutivo feminino, particularmente os ovários. Os ovários têm duas funções básicas: fornecer os óvulos (que são a "semente" que permite a gravidez) e a produção de hormônios, principalmente o estrogênio, que, sendo o "hormônio rei", faz desenvolver os órgãos do aparelho reprodutivo feminino e os caracteres sexuais secundários, que dão forma ao corpo da mulher. Sabe-se que a função dos ovários começa a diminuir cerca de cinco a dez anos antes da última menstruação, pois, com o avanço da idade, o número de folículos nos ovários diminui, de modo que a produção dos hormônios também diminui. A menopausa se instala quando ocorre a interrupção completa da função ovariana.

Durante as últimas duas décadas, o papel da mulher no climatério assumiu novas dimensões. A expectativa de vida das mulheres atualmente situa-se ao redor de 75 anos. Portanto, as mulheres vivem um terço de suas vidas na pós-menopausa e mais da metade no climatério.

O climatério pode ser compensado quando não há manifestações clínicas ou no caso de elas serem bem toleradas. No climatério descompensado, a intensidade das manifestações afeta o bem-estar psicossocial da mulher.

O climatério tem uma duração de 30 anos em média, e caracteriza-se por três fases: a inicial, que vai dos 35 aos 50 anos, a intermediária, que vai dos 51 aos 55 anos, e a tardia, que vai dos 55 aos 64 anos. A menopausa geralmente se instala na fase intermediária.

Considerado uma síndrome, isto é, um conjunto de sintomas e sinais, e tendo a menopausa como marco, o climatério poderá ter essas três fases também descritas como pré e pós-menopausa. A pré-menopausa se inicia no final da menacme (período reprodutivo da mulher) e se estende até a menopausa, durando em média quatro anos. Após a menopausa, o climatério se prolonga até a senectude (período não-reprodutivo da mulher), época que perdura até os 70 anos.

A idade da incidência da menopausa é geneticamente predeterminada, ao passo que a idade da incidência da menarca (primeira menstruação) depende sobretudo da massa corpórea da menina. Em geral, meninas com maior massa corpórea têm a sua primeira menstruação mais cedo do que as demais. É importante assinalarmos que alguns fatores ambientais influenciam no desencadeamento da menarca. Nos países de clima tropical, as mulheres têm a menarca mais precocemente do que nos de clima frio. A cada década a menarca está sendo adiantada dez meses, em média. Alguns fatores ambientais também influenciam na menopausa, como o hábito de fumar, por exemplo, que pode antecipar em média dois anos a idade de incidência da menopausa.

Logo, o climatério é um estado endócrino carencial, isto é, a queda de hormônios circulantes de natureza fisiológica (fun-

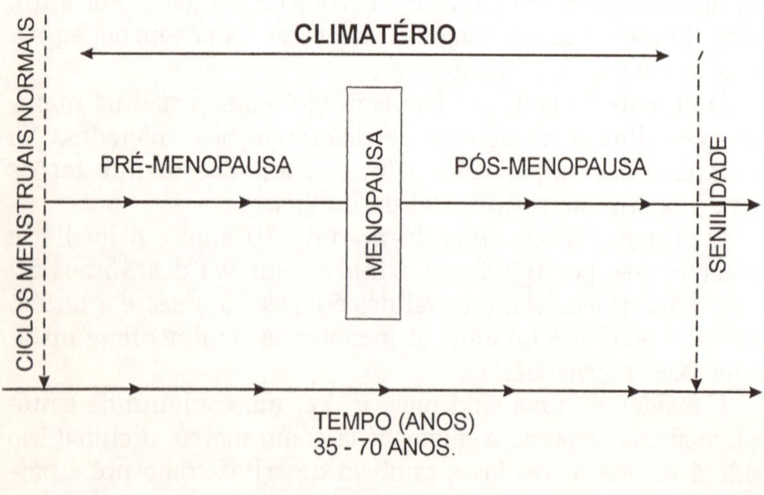

cionamento das glândulas femininas) que ocorre em todas as mulheres, aproximadamente por volta da chamada meia-idade.

Fatores que Intervêm na Idade da Menopausa

O Grupo Científico da Organização Mundial de Saúde determina que a idade média em que ocorre a menopausa nos países ocidentais é de 50 anos. No Brasil, entretanto, os dados demonstram que a idade média ocorre mais precocemente, por volta dos 47 anos.

Fatores que podem influenciar a menopausa:

1. **Herança** — Geralmente a menopausa entre as mulheres de uma mesma família ocorre em uma idade aproximada.

2. **Raça e clima** — As raças mediterrâneas e africanas têm a menopausa em idades mais baixas do que as raças nórdicas. Isto significa dizer que as mulhres de países de climas quentes entram no climatério mais precocemente do que as de países de clima frio. Existem também indícios de que mulheres que vivem em altitudes elevadas (mais 2.000m) têm a menopausa de um a um ano e meio antes das que vivem a menos de 1.000m.

3. **Modificações com o tempo** — Acredita-se que a idade da menopausa vem sendo atrasada através dos séculos, da mesma maneira que a menarca (primeira menstruação) vem se adiantando. Entretanto, não existem informes categorizados demonstrando cientificamente essa tendência.

4. **Estado civil e profissão** — Não se tem observado que as mulheres casadas tenham menopausa em idade mais precoce do que as solteiras. Assim também não se verifica que

mulheres que trabalham fora do lar tenham o climatério mais precocemente do que as demais.

5. **Números de filhos** — Parece que a idade da instalação da menopausa aumenta com o número de filhos, mas isso só ocorreria após o quarto parto. As mulheres nulíparas (que não têm filhos) entram na menopausa mais cedo. Acredita-se que a idade que a mulher tem quando concebe seu primeiro filho também é importante. Se o parto ocorrer antes dos 28 anos, aumenta a precocidade da menopausa.

6. **Obesidade** — Estudos mais recentes demonstram que não existe diferença significativa entre a idade em que se instala a menopausa das mulheres obesas e das magras.

7. **Anticonceptivos orais** — Pensava-se que a supressão da ovulação, através do uso contínuo de anticoncepcionais, pudesse retardar a menopausa. Entretanto, não se demonstrou que os anovulatórios exerçam qualquer papel nesse sentido.

8. **Fumo** — De todos os fatores, o fumo é o que tem influência mais precisa sobre a idade em que a menopausa se instala. Sabe-se tranqüilamente que a menopausa sobrevém com mais precocidade em mulheres fumantes, e a quantidade e duração do tabagismo também têm importância nesse sentido. Mulheres fumantes apresentam menopausa em torno de dois anos mais precocemente, em relação às não-fumantes. Algumas substâncias contidas no cigarro, como os hidrocarbonetos aromatizados, podem acelerar o envelhecimento dos folículos ovarianos, denotando o seu efeito antiestrogênico. Esse fenômeno pode ser devido à ação da nicotina nos centros hipotalâmicos, sobre o fígado, ou por uma ação nociva direta.

9. **Fatores socioeconômicos** — O fator nutricional parece influir na idade da menopausa. Mulheres de países po-

bres, onde a desnutrição é comum, entram no climatério e menopausa mais precocemente.

10. **Importância social** — No climatério contemporâneo, admite-se haver uma influência racial, ambiental, hereditária e nutricional, na época em que se instala a menopausa. É certo que fatores culturais e socioeconômicos influenciam a freqüência e a gravidade dos sintomas menopáusicos. Estudos demonstram as diferentes respostas durante o climatério de grupos distintos quanto às características étnicas, culturais e socioeconômicas. Mulheres que vivem em países de nível econômico mais baixo ou em classes socioeconômicas mais baixas têm menor assistência médica durante o climatério, o que contribui para o agravamento dos sintomas.

Com o aumento da vida média feminina, há também um acréscimo do período de carência hormonal pós-menopausa, cujas conseqüências podem ser graves. Situações como osteoporose, fraturas, infarto do miocárdio, depressão e ansiedade, advindas da queda da produção hormonal, têm um custo muito elevado para o sofrimento humano dos pontos de vista pessoal e social.

Podemos assegurar que a mulher que hoje chega à menopausa pode esperar que sua vida se prolongue até o primeiro quarto do século XXI. Deverá portanto levar uma vida livre do desconforto de uma osteoporose, com baixas possibilidades de enfermidades cardíacas e moléstias urogenitais e sexuais quase inexistentes. Para tanto, devemos encarar com otimismo o futuro da menopáusica que busca o auxílio na estrogenoterapia.

Menopausa Precoce

Queixas como sudorese, ondas de calor, insônia e irritação, quando feitas por mulheres com menos de 40 anos, raramente são atribuídas ao climatério. Entretanto, oito por cento das mulheres que ainda não atingiram essa faixa etária podem apresentar menopausa precoce, isto é, interrupção da menstruação por um período superior a um ano.

O acompanhamento médico nesses casos é fundamental, porque na maioria das vezes a menopausa precoce é irreversível. A interrupção antecipada da menstruação pode advir de vários fatores. Um deles é hereditário, uma vez que a menopausa precoce ocorre em várias mulheres da mesma família. Pode também ocorrer devido a problemas do hipotálamo ou da hipófise, glândulas responsáveis pela diminuição da produção de estrogênios e pelo aumento da produção de gonadotrofinas (hormônios produzidos pela hipófise e que dão "ordens" para os ovários). Felizmente, tais alterações são resolvidas através de medicamentos.

Outra causa é a genética, pois, ocorrendo alterações no cromossomo X, haverá diminuição no número de folículos ovarianos, ou até mesmo ausência deles. A mulher apresenta, ao nascer, uma quantidade determinada de folículos. Em algumas delas, pelo fato de o número de folículos ser menor do que o normal, eles se esgotam antes do que nas demais.

Doenças auto-imunes, como o lúpus eritematoso sistêmico, também podem levar à menopausa precoce. O problema pode ainda ser provocado por choques emocionais ou físicos. Essa é a causa mais freqüente da menopausa precoce e uma das únicas que podem ser reversíveis. A volta da menstruação nesses casos acontece espontaneamente.

Há ainda pacientes jovens com menopausa precoce em conseqüência de quimioterapia, radioterapia ou devido à retirada cirúrgica de ambos os ovários. Finalmente, existem ainda as menopausas precoces sem causa definida, e um fator capaz de apressá-las — e totalmente evitável — é o tabagismo.

4. Anatomia e Funcionamento dos Órgãos Genitais Femininos Internos

O aparelho reprodutor feminino interno é composto de dois ovários, duas trompas (de Falópio), útero e vagina.

O útero é o órgão em formato de pêra que possui três camadas: um revestimento exterior (peritônio visceral), uma camada média muscular (miométrio), e a camada interna (endométrio), que se descama mensalmente em forma de menstruações. O útero se insere na vagina pela sua porção mais estreita (istmo e colo), e na sua porção de maior diâmetro (corpo uterino) estão inseridas as duas trompas, responsáveis pela captação do óvulo assim que ele é liberado do ovário. Nelas ocorre, na grande maioria das vezes, a fecundação do óvulo pelo espermatozóide. O ovo formado nesta fecundação caminha através da trompa até a parede interna do útero (miométrio) onde escolherá um local para se aninhar (nidação) e desenvolver a gestação.

A vagina é um tubo de tecido elástico com aproximadamente oito a nove centímetros de comprimento e cinco centímetros de diâmetro. Serve de receptáculo para o pênis durante o coito (relação sexual), e durante a ejaculação os espermatozóides se depositarão no fundo-de-saco vaginal (porção da vagina próxima ao colo do útero) e caminharão até a cavidade uterina através do canal cervical.

Os ovários são dois órgãos em forma de nozes, localizados na pélvis (cavidade abdominal), um de cada lado do útero. São pequenos e pesam menos de 60 gramas cada um. Os ovários têm duas funções básicas: fornecer os óvulos (que permitem a gravidez) e produzir os hormônios (estrogênio e progesterona). Os estrogênios fazem desenvolver os órgãos do aparelho reprodutivo feminino e os caracteres sexuais secundários que dão forma ao corpo da mulher.

A progesterona (pró-gestação) é o hormônio da gravidez. Ela se encarrega do intumescimento da parede interna do útero (endométrio) que será eliminada durante o período menstrual. A ovulação não é possível sem a produção adequada de hormônios, e vice-versa. No período reprodutivo da mulher, que se inicia na puberdade (nove a dez anos) até a fase denominada climatério (em torno dos 40 anos), os ovários desempenham as suas funções em maior escala.

A menina nasce com todo o equipamento de que necessitará para a reprodução. Numa recém-nascida, os ovários possuem de dois a três milhões de folículos de Graaf primordiais (figura 1). Estes folículos se compõem de um grupo de células em torno de um óvulo. Folículo de Graaf é nome que se dá ao óvulo envolvido por esse grupo de células protetoras. Os óvulos são "sementes femininas", que serão liberados mensalmente pelos ovários no processo de ovulação e deverão ser fecundados pelos espermatozóides ("sementes masculinas").

Num ciclo menstrual será liberado apenas um óvulo, e este será fecundado por apenas um espermatozóide. Ocasionalmente poderá haver a ovulação de mais de um óvulo em um mesmo ciclo menstrual e ocorrerá a fecundação de cada um deles por um espermatozóide. Desse processo resultará a gravidez gemelar, com uma placenta correspondente a cada óvulo fecundado.

Do nascimento até a puberdade (aproximadamente aos dez anos), os milhões de folículos (conjunto de óvulo mais camada de células ao seu redor) vão desaparecendo por um processo que representa a "morte do folículo". Não se conhece exatamente o mecanismo desse processo, mas o fato é que dele restam ao redor de 400 mil folículos até a puberdade; esse número permanece até a menopausa, e alguns óvulos se degeneram ao longo dos anos. Isso quer dizer que, dos três milhões de folículos que nascem com a menina, apenas 400 em média irão restar para ovular no período reprodutivo da mulher.

O período do nascimento à adolescência é muito tranqüilo em relação à atividade hormonal feminina. Num certo dia, entre nove e dez anos, um despertador interno dispara. O cérebro, através da glândula hipófise, orienta os ovários para secretarem na corrente sanguínea da menina quantidades crescentes do hormônio feminino "rei", o estrogênio. Os cientistas acreditam que a época desse alarme biológico é determinada por alguns fatores como clima, peso e composição corporal, que deve atingir um determinado nível crítico antes que o estrogênio possa ser liberado no organismo feminino.

Enquanto o estrogênio flui na corrente sanguínea, a mulher floresce: o busto se desenvolve, os pêlos do púbis (genital externo) e das axilas crescem. O útero, os ovários e a vagina amadurecem, e uma nova camada de gordura modela as curvas e os quadris da mulher. Esses dois potentes hormônios sexuais (estrogênio e progesterona) governam os ciclos menstruais. Quando o fornecimento cíclico é perturbado, como nos anos anteriores à menopausa, a mulher pode sofrer irregularidades nos hormônios.

Endocrinologia do Ciclo Menstrual: Como os Hormônios se Comportam Nesta Fase

1º Estágio: mensalmente o hipotálamo — região do cérebro que comanda a produção de todos os hormônios do corpo — manda mensagens à hipófise (localizada na base do cérebro). Portanto, o hipotálamo dá a partida no ciclo menstrual, e pode ser comparado a um computador.

2º Estágio: a hipófise lança dois hormônios na corrente sanguínea: o FSH (hormônio folículo-estimulante) e o LH (hormônio luteinizante). Estes hormônios são dirigidos como flechas diretamente às gônadas, ou seja, os ovários.

3º Estágio: o nível do estrogênio sobe e atinge o máximo.

Ao atingir os ovários, o FSH tem a ação que o seu nome indica: este hormônio mensageiro estimula aproximadamente dez folículos de Graaf a se inchar e se desenvolver. Ao mesmo tempo, provoca um espessamento da camada interna do útero (endométrio), preparando-a para uma possível gravidez. No início do ciclo menstrual, quem comanda é o FSH, e esta fase é chamada de folicular, pois há a estimulação dos folículos.

Quando os folículos amadurecem, começam a produzir estrogênio e inibina, hormônios que diminuem a influência do FSH. Os estrogênios ajudam os óvulos contidos nos folículos a amadurecer. Os estrogênios aumentam na corrente sanguínea, e a hipófise recebe a mensagem de que há muita quantidade deles presente no sangue. Para regular a sua taxa, a hipófise corta a produção do FSH e libera um novo hormônio, o LH (hormônio luteinizante).

4º Estágio: tem lugar a ovulação.

Agora os hormônios luteinizantes (LH) são os protagonistas do ciclo menstrual; esta fase é conhecida como luteínica. Quando o LH chega aos ovários, escolhe um dos folículos previamente amadurecidos pelo FSH e o desenvolve por completo. Este folículo totalmente amadurecido dirige-se à parede do ovário, onde se abre, liberando o óvulo do seu interior. O óvulo liberado inicia sua viagem por uma das duas trompas de Falópio e segue até a cavidade uterina.

5º Estágio: a progesterona, segundo hormônio feminino, entra em cena.

O envoltório do óvulo, agora vazio, adquire uma coloração amarela e se torna o *corpo lúteo* (corpo amarelo). O recém-formado corpo lúteo produz estrogênio e mais um novo hormônio: a progesterona, que é o hormônio da gravidez (pró-gestação). Ela faz a parede interna do útero ficar mais grossa e esponjosa, um verdadeiro ninho para um óvulo fertilizado. Está assim preparada na camada interna uterina a "caminha do nenê", que dará nutrição ao ovo.

6º Estágio: se o óvulo é fecundado por um espermatozóide, o corpo lúteo continua a secretar estrogênio e progesterona até que a placenta possa se encarregar dessas funções. Assim que o óvulo é fertilizado, ele próprio produz outro hormônio, a gonadotrofina coriônica, que impede a morte do corpo lúteo, e os níveis de estrogênio e progesterona na corrente sanguínea não só se mantêm como aumentam.

Se não ocorre a fertilização, o corpo lúteo morre e as taxas de estrogênio e progesterona decrescem. Com a sua principal fonte de alimentação cortada, a camada interna do útero (endométrio) se desprende aos poucos — é a menstruação.

7º Estágio: o ciclo recomeça. Alertado pelo decréscimo do nível de estrogênio da corrente sanguínea, pois o corpo lúteo morreu, o hipotálamo entra em ação outra vez. Instrui a hipófise a recomeçar a emissão de FSH e LH, e assim a complicada ciranda dos hormônios tem início novamente.

Quanto Tempo Leva um Ciclo?

Os ciclos variam de mulher para mulher. Algumas têm ciclos de 25 ou 26 dias, outras, de 30 ou 31. Há ainda os ciclos mistos: 28 dias em um mês, 30 em outro. Todos são considerados normais, desde que ocorram com regularidade. Quando porém eles forem menores que 21 dias ou maiores que 36 dias, é necessário uma avaliação médica. A duração em média da menstruação é de 3 a 5 dias. Durando apenas 1 dia e meio ou mais de 7 dias, é necessário de um estudo clínico.

OS HORMÔNIOS NO CICLO MENSTRUAL

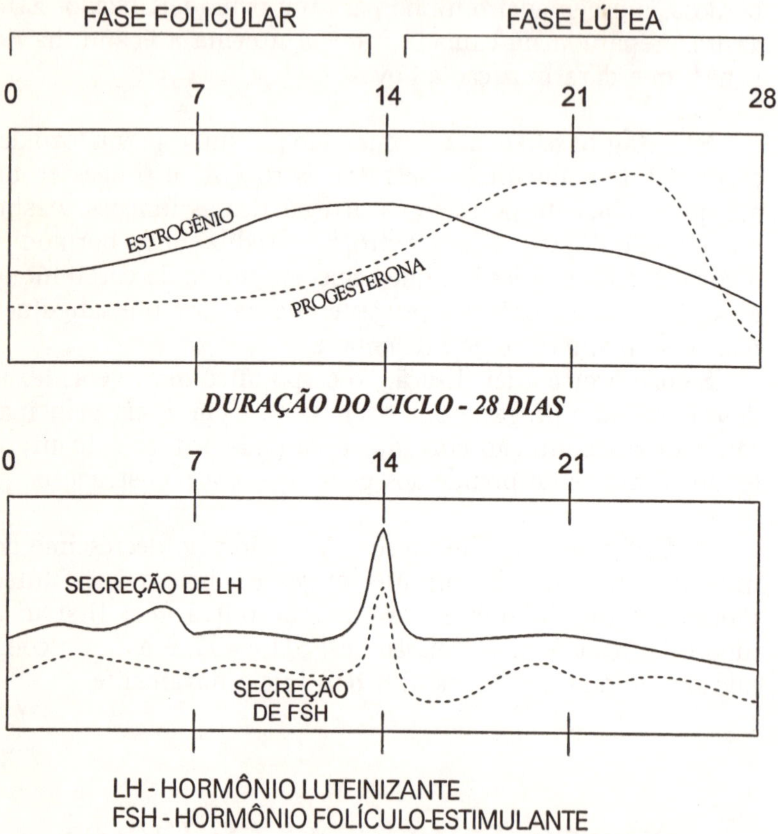

O excesso de fluxo sanguíneo — outra disfunção — também exige uma investigação, assim como as irregularidades menstruais, em especial os atrasos por vários meses. Também os regimes para emagrecer, estresse emocional, alguma doença infecciosa, viagens longas com alteração de fusos horários e o excesso de esportes levam a alterações do ciclo menstrual.

O Ciclo se Altera Antes da Menopausa

A maioria das fêmeas de outros animais mamíferos ovula até o fim da vida, embora esporadicamente, mas todos os animais apresentam fertilidade decrescente ao ficarem mais velhos.

A mulher passa um período significativo da vida (que soma cerca de 25 a 30 anos) em estado de não-reprodutividade. Como os bebês necessitam de uma criação demorada, a natureza entende que a mulher precisa sobreviver muitos anos após a menopausa para cuidar de seus filhos mais novos até os mesmos atingirem a maturidade.

Numa determinada época do climatério — não se sabe bem qual é o fator desencadeante —, a natureza começa a interromper o sistema de comunicação hipotálamo-hipófise-ovário. Os sinais, descoordenados pelas ordens interrompidas, deixam as glândulas confusas, e elas passam a secretar hormônios em excesso ou insuficientemente, num esforço para colocar as coisas em ordem.

Os folículos de Graaf (óvulo e camada de células protetoras) não respondem mais ao estímulo hormonal como antes, e amadurecem ao acaso. Em face do progressivo desaparecimento desses folículos nos anos que precedem a menopausa (após os 40 anos), os níveis hormonais no sangue já podem se apresentar bem mais baixos. Tem início o climatério. Aparecem então, como decorrência desse processo de queda dos hormônios, as alterações menstruais. Como os folículos não são repostos, chega o momento em que eles desaparecem por completo, levando os ovários à falência. Aí a mulher não tem mais ovulação e se torna infértil. A produção de estrogênio estará drasticamente reduzida, e outras fontes menores, como as glândulas adrenais, pele e tecido gorduroso, não são suficientes para desencadear a menstruação. Em redor dos 50 anos instala-se a menopausa, que corresponde à última ovulação na mulher.

Um ou dois anos antes da menopausa, a maioria das mulheres tem ciclos sem ovulação. A natureza é perfeita, pois esse fenômeno ocorre numa fase da vida em que a mulher não está mais física e emocionalmente apta para ter mais filhos.

Endocrinologia no Climatério e Menopausa: Estudo dos Hormônios

O hipotálamo e a hipófise parecem ignorar o fato de que ocorreu a menopausa e agem como se os ovários ainda tivessem folículos saudáveis. Depois de receber o costumeiro sinal do hipotálamo, a hipófise continua a enviar os hormônios FSH e LH. Entretanto, agora, quando o FSH chega aos ovários, nada acontece, pois os poucos folículos ainda existentes são incapazes de amadurecer. A hipófise tenta então salvar esses óvulos degenerados, e para isso inunda a corrente sanguínea com doses maciças de FSH. Isso explica por que na menopausa a taxa de FSH se eleva de cinco a 20 vezes o seu valor normal. O nível de LH também sobe, atingindo de três a cinco vezes a taxa costumeira.

As mulheres menopausadas cirurgicamente, isto é, aquelas que têm os ovários extraídos numa idade anterior à menopausa, apresentam essas mesmas taxas hormonais do LH e FSH em média uma semana após a cirurgia. As taxas sanguíneas desses dois hormônios atingem seus níveis máximos dois ou três anos após a menopausa.

Um Fornecimento Contínuo de Estrogênio

A produção de estrogênio diminui intensamente depois da menopausa, mas nunca cessa por completo. Quando os ovários param de funcionar a pleno vapor, outras glândulas e células ajudam a prover alguns dos hormônios faltantes. As células de gordura da mulher desempenham um papel importante na produção de estrogênio depois da menopausa. Como o alquimista da fábula que transformava chumbo em ouro, o tecido adiposo toma os hormônios masculinos (androgênios) e os transforma em estrona, uma forma fraca de estrogênio.

Os ovários e as glândulas supra-renais fabricam os hormônios masculinos. Pequenas quantidades de hormônios masculinos circulam no corpo da mulher durante os anos férteis. Depois da menopausa, as glândulas supra-renais cessam o fornecimento dos androgênios, mas os ovários continuam a secretar pequenas quantidades desses hormônios. Assim os níveis de estradiol ("fração" principal dos estrogênios) permanecem baixos após os 50 anos, e a concentração de estrona no sangue, após essa época, aumenta de forma significativa.

Alguns fatores afetam a produção dos estrogênios nessa fase. A obesidade, por exemplo, determina o aumento tanto dos estrogênios quanto dos hormônios masculinos (androgênios). Quanto mais pesada for a mulher, quanto maior for a porcentagem de gordura e de massa corporal, mais provável que ela tenha altos níveis de estrona no sangue. As estronas, fazendo as vezes de estrogênio, farão com que mulheres obesas sofram sintomas mais brandos na menopausa do que as magras.

Outros fatores exógenos, como o tabagismo, dietas vegetarianas e a atividade física em excesso, também determinam uma diminuição dos estrogênios.

Em relação aos androgênios (hormônios masculinos), o sulfato de deidroepiandrosterona (SDHEA) diminui após a menopausa, mas as concentrações sanguíneas dos outros dois hormônios masculinos, a testosterona e a androstenediona, aumentam após essa fase. Ressalta-se que a mulher possui hormônios femininos e masculinos, assim como os homens. O que os distingue é a quantidade deles em cada um dos sexos.

Durante a vida reprodutiva, os hormônios masculinos têm o papel de estimular a sexualidade feminina. Após o término da fase reprodutiva, esses hormônios são utilizados na conversão de substâncias "similares" aos estrogênios, que irão diminuir os sintomas inconvenientes do climatério.

PARALELO COM A PUBERDADE

É natural que as regras comecem na puberdade, e é igualmente natural que cessem na menopausa. Esses dois períodos de transição são biologicamente opostos. Um é a entrada em atividade do sistema reprodutor, e o outro, um processo de paralisação. Na puberdade, as taxas de estrogênio da menina ainda são baixas, e, mesmo que ela já esteja menstruando, seus ciclos não são inteiramente férteis. Nos primeiros um ou dois anos é provável que haja irregularidades menstruais e que um ciclo falhe de vez em quando, pois os ovários podem não liberar um óvulo maduro.

Uma situação muito semelhante se dá na menopausa. Quando o nível de estrogênio é muito baixo, há por vezes falha na ovulação e o ciclo menstrual se torna descontrolado. Embora a gravidez seja possível, a mulher já não é tão fértil como antes. Ao contrário da adolescente, no entanto, a mulher na menopausa tem a vantagem de sua experiência para se apoiar. Ao longo dos anos, ela se acostuma às reviravoltas na química do seu corpo, à queda do ciclo menstrual e às extraordinárias alterações hormonais da gravidez e da lactação. Aprende a se adaptar à troca de papéis, de moça a esposa e mãe. A mulher que soube superar tantas mudanças provavelmente vai enfrentar essa nova alteração de maneira madura e confiante.

GLOSSÁRIO DO CICLO MENSTRUAL

CORPO LÚTEO — Um corpo amarelo que se forma quando o óvulo é expulso de seu envoltório. Este, vazio, é o corpo lúteo, que produz estrogênio e progesterona para alimentação da parede do útero. Depois da menopausa não há mais a formação do corpo lúteo, e, conseqüentemente, cessa a secreção de progesterona.

HIPÓFISE — Glândula do tamanho de uma ervilha, situada na base do cérebro, chamada de glândula mestra porque controla muitas outras glândulas endócrinas. A um sinal do hipotálamo, ela libera quantidades variáveis de FSH e LH, dois hormônios que afetam profundamente os acontecimentos no interior dos ovários.

ESTROGÊNIO — Secretado pelos ovários, é o mais poderoso dos hormônios femininos. Causa a transformação da menina em mulher. A diminuição de sua taxa conduz à menopausa e desempenha um papel importante no fluxo sanguíneo menstrual e na secura vaginal. Após a menopausa, o estrogênio é produzido principalmente pela transformação do hormônio masculino, ou androgênio, em estrona. Essa conversão tem lugar nas células de gordura do corpo.

HORMÔNIOS FOLÍCULO-ESTIMULANTES (FSH) — Secretados pela hipófise, estimulam o desenvolvimento de oito ou nove folículos no interior dos ovários a cada mês. A taxa de FSH pode crescer até 20 vezes depois da menopausa.

FASE FOLICULAR — Fase inicial do ciclo menstrual que conduz à ovulação. Também conhecida como fase proliferativa. Sua duração varia de mulher para mulher e de ciclo para ciclo. Antes da menopausa a fase folicular pode ficar mais curta, causando um espaçamento menor entre as regras.

FOLÍCULO DE GRAAF — O óvulo e seu envoltório de células.

HIPOTÁLAMO — Pequena região do cérebro acima da hipófise. “Dá a partida”no ciclo menstrual, enviando uma mensagem química à glândula pituitária.

FASE LUTEÍNICA — (também chamada de fase secretora). É a segunda fase do período menstrual, marcada pela ovulação e pelo espessamento da parede uterina. Geralmente dura de doze a quatorze dias. Nessa fase, é possível a concepção.

HORMÔNIO LUTEÍNICO (LH) — Hormônio da pituitária que seleciona um óvulo por mês e completa o seu amadurecimento. Ocasionalmente, mais de um pode ser amadurecido ao mesmo tempo. O LH aumenta de três a cinco vezes na menopausa.

PROGESTERONA — Hormônio que espessa a parede interna do útero preparando-o para a gravidez. É produzido pelo corpo lúteo. Durante a fase de pré-menopausa, a falta de progesterona pode causar sangramento incompleto do útero e regras espaçadas. Depois da menopausa cessa a formação do corpo lúteo e a progesterona não é mais produzida.

5. Aspectos Clínicos da Menopausa — Sintomas

Em 75% das mulheres, a menopausa é acompanhada de múltiplos sintomas relacionados com a modificação dos níveis hormonais. Esta sintomatologia pode ser esquematizada em quatro grupos distintos:

A. Alterações Psíquicas

— Labilidade de humor
— Nervosismo, intolerância e irritabilidade
— Dimininuição da libido
— Depressão

B. Alterações Provenientes de Distúrbios Nervosos e dos Vasos Sanguíneos

— Fogachos (ondas de calor)
— Sudorese (suor excessivo)
— Palpitações (taquicardia), extra-sístoles (batimento cardíaco irregular)
— Formigamentos
— Vertigens
— Dores de cabeça
— Esquecimento

— Astenia (menor disposição física)
— Doenças cardiovasculares

C. Alterações do Aparelho Geniturinário

— Dispareunia (dor ao ato sexual)
— Secura da mucosa vaginal
— Prurido (coceiras nos órgãos genitais)
— Cistites (irritação da bexiga)
— Polaciúria (vontade de urinar muitas vezes seguidas)
— Disúria (dor à micção)
— Incontinência urinária aos pequenos e médios esforços (incapacidade de reter a urina)

D. Alterações da Musculatura, da Pele e do Esqueleto Ósseo

— Pele seca e delgada
— Atrofia da musculatura em geral
— Dores ósseas (reumatóides)
— Queixas articulares (principalmente nas articulações dos dedos das mãos e pés) relacionadas com a locomoção
— Osteopenia e osteoporose

Todos os sintomas enumerados aparecem em curto prazo, com exceção das moléstias cardiovasculares, osteopenia e osteoporose, que se apresentam a longo prazo. Todas as mulheres apresentam sintomatologia no climatério e menopausa; entretanto, uma em cada quatro terá sintomas exacerbados, e estas são as felizardas, pois, pressionadas pela sintomatologia indesejável, procurarão auxílio médico na terapia hormonal ou não-hormonal.

Muitos dos sintomas do climatério passam despercebidos, pois a época em que eles se iniciam coincide com a fase de vida da mulher em que vários fatores do contexto social e familiar acabam por mascará-los. Nesse período, a mulher geralmente perde o *status* de filha, pois os pais, antes protetores, estão agora envelhecidos e sob sua proteção, ou até já se foram; perde o papel de mãe, pois os filhos saíram de casa para estudar ou se casaram, ou já têm suas vidas independentes; no campo profissional, a aposentadoria é um marco de negatividade; o relacionamento matrimonial está desgastado após longos anos de convivência; as que enviuvaram, se divorciaram ou não se casaram estão, na grande maioria, frustradas. Todo esse contexto social leva a mulher a uma série de vivências no seu cotidiano, e às vezes sintomas que são atribuídos à problemática familiar e social são na realidade fruto do climatério já instalado.

Esse conjunto de sintomas é denominado *síndrome do climatério*. Foram criados alguns índices de avaliação das queixas climatéricas. O primeiro deles foi elaborado em 1953 por Kupperman. Nos últimos vinte anos, autores alemães, austríacos e suíços, insatisfeitos com o índice de Kupperman, elaboraram outras escalas, que recomendam que a mulher avalie os seus sintomas e a intensidade de cada um, atribuindo uma nota a eles. Diante do gráfico resultante pode-se analisar se o quadro predominante é de queixas agudas ou crônicas, e com esses dados pode-se verificar a necessidade ou não de terapia hormonal. Essas avaliações são feitas semestralmente, e sintomas como secura vaginal e queixas urinárias são de menor importância nas pesquisas, enquanto as parestesias (formigamento), tonturas e dores de cabeça, irritação, depressão e nervosismo, como também a insônia, são bastante expressivos na pesquisa.

Exemplo do Uso da Escala de Avaliação dos Sintomas do Climatério

Os sintomas psíquicos, as doeças cardiovasculares e a osteoporose serão temas de capítulos à parte.

Escala de Avaliação da Menopausa

Nome Idade

	QUEIXAS										
	NENHUMA		LEVES		MODERADAS		INTENSAS		MUITO INTENSAS		
	0	0.1	0.2	0.3	0.4	0.5	0.6	0.7	0.8	0.9	1.0
FENÔMENOS VASOMOTORES											
QUEIXAS CARDÍACAS											
INSÔNIA											
DEPRESSÃO											
IRRITABILIDADE											
MENOR CAPACIDADE											
SEXUALIDADE											
QUEIXAS URINÁRIAS											
SECURA VAGINAL											
QUEIXAS LOCOMOTORAS											

DATA			
VALOR MÉDIO			

Medicamento__________ Presença de útero__________
Dose__________ Presença de sangramento__________
Presença de ovários__________

Sintomas e Mudanças Físicas

Fogachos (ondas de calor) e sudorese (suor intenso)

Em termos médicos, os fogachos são conhecidos como uma condição de instabilidade vasomotora, ou seja, os diâmetros dos pequenos vasos sanguíneos sob a pele estão se dilatando e contraindo de forma imprevisível. Quando aumenta o calibre dos vasos, o sangue penetra neles, deixando a pele quente e ruborizada; quando ele diminui, a mulher sente-se friorenta e arrepiada. Essas alterações abruptas afetam a circulação e são as causas de pés e mãos gelados, dormência e formigamento, e possivelmente de dores de cabeça e palpitações.

Responsável pela manutenção da temperatura corpórea e pela a emissão de ordens aos ovários, instigando-os a produzir hormônios sexuais na menopausa, o hipotálamo se torna hiperativo. O resultado desta hiperatividade é a dilatação dos vasos sanguíneos e a elevação da temperatura da pele.

O Que Está Acontecendo

As ondas de calor são sintomas clínicos da menopausa. Estima-se que 60% das mulheres as sentem em graus diferentes, e para algumas elas aparecem desde o início do climatério. Outras não sofrem a primeira onda de calor antes da última menstruação. As ondas são inofensivas ou temporárias ou podem permanecer por um período de até cinco anos. Entretanto, em alguns casos, podem se tornar um desconforto e uma fonte de constrangimento. Felizmente, apenas de 10 a 15% das mulheres consideram seus calores severos, obrigando-as a procurar um tratamento médico imediato.

Na primeira vez em que aparecem, as ondas de calor podem apanhar a mulher de surpresa, fazendo com que ela a atribua a qualquer outra circunstância que esteja vivenciando, antes de perceber qual é realmente sua origem.

Com o que se Parece

A maioria das pessoas está familiarizada com o aspecto de uma mulher durante um fogacho, e muitas vezes isto se torna sinônimo de pilhéria quando ocorre numa fase mais jovem da mulher. É aquela sensação de calor quando todos à sua volta se sentem perfeitamente confortáveis. A mulher tira o agasalho, abana-se freneticamente e abre janelas na tentativa de se refrescar. Depois, tão abruptamente como quando se iniciaram as ondas de calor, ela se põe a tremer de frio, à procura do agasalho retirado há pouco. São essas mudanças de temperatura que podem parecer engraçadas e curiosas às outras pessoas. Entretanto, para a própria mulher são simplesmente desconfortáveis. Na maior parte dos casos, a onda começa com uma repentina e insuportável sensação de calor no rosto, colo e pescoço. O calor em geral se espalha para cima ou para baixo em impulsos, e o rosto e o colo ficam manchados ou muito vermelhos. Às vezes transpira-se no rosto, cabeça, pescoço e nas costas. Depois que a onda passa, a mulher fica com uma sensação de suor frio. O fenômeno dura geralmente entre dois a três minutos, mas em casos esporádicos pode atingir meia hora ou mais.

Essa é a descrição de um fogacho típico, mas há muitas possibilidades de variações individuais. Não há duas mulheres que sintam um fogacho exatamente da mesma maneira, e a mesma mulher pode ter experiências diferentes de um fogacho a outro. A onda pode ser tão suave e fugaz que a mulher não tem certeza se realmente a sentiu. Ou pode fazer com que o corpo inteiro queime como se estivesse em brasa e causar intensa transpiração.

Quando uma mulher ainda tem menstruações, pode verificar que seus fogachos começam aos poucos, aumentando em número e intensidade a partir do término do seu último período menstrual.

Muitas pessoas usam os termos fogachos e rubor para a mesma coisa; entretanto, rubor indica apenas a vermelhidão da pele. Nem todas as mulheres que têm fogachos apresentam também rubor.

Sinais de aviso — Para algumas mulheres o fogacho vem repentinamente, sem qualquer aviso prévio. Outras descrevem uma estranha sensação que se inicia no seu íntimo antes que a onda propriamente dita se instale. Pode ocorrer também uma pressão na cabeça, nervosismo ou ansiedade crescentes.

Sintomas Físicos que Podem Acompanhar as Ondas de Calor

Algumas mulheres sentem sufocação ou falta de ar quando têm uma onda de calor. Podem sentir também um ou mais dos seguintes sintomas: palpitações, náuseas, fraqueza, fadiga, tonturas, dores de cabeça, formigamento e dormência ou comichão nos dedos das mãos e dos pés. O mais alarmante é a palpitação. O coração bate às vezes de maneira tão violenta que a mulher tem quase certeza de que está sofrendo um ataque cardíaco.

Se a mulher sentir palpitações e os fogachos, não há com que se preocupar. Deve consultar um médico para evitar problemas circulatórios. Em seu benefício, convém diminuir ou eliminar estimulantes como café, chá, fumo, bebidas que contenham cafeína e chocolates.

Suores Noturnos

Quando os fogachos ocorrem à noite e aumentam a sudorese, são chamados de suores noturnos. A mulher que os sente pode acordar toda molhada e ter que trocar a camisola e até mesmo a roupa de cama, ou então sentir-se ligeiramente quente, precisando apenas afastar as cobertas para experimentar um alívio. Nem todas as mulheres têm fogachos à noite; no entanto, as que têm também os têm durante o dia, sendo que os fogachos diurnos ocorrem sem qualquer esquema rígido.

Algumas mulheres têm vários numa só noite, e outras os sentem esporadicamente. Os suores noturnos perturbam de acordo com a facilidade que se tem em voltar a dormir quando o sono é perturbado. Algumas mulheres conseguem se levantar, mudar de camisola e voltar a dormir outra vez. Para outras é quase impossível acomodar-se novamente. Estas encontrarão uma orientação sobre insônia no capítulo 6.

Fatores que Podem Evitar um Fogacho

Os fogachos podem aparecer sem motivo, mas muitas vezes são deflagrados por estímulos exteriores. Qualquer coisa que eleve a temperatura do corpo da mulher pode causar um fogacho. Emoções como ansiedade, nervosismo, raiva ou excitação sexual também podem. Álcool, bebidas quentes, banho quente, estar num aposento cheio de pessoas ou simplesmente agasalhar-se com cobertor também podem estimulá-los.

Quais Seriam as Causas dos Fogachos?

Embora a causa exata dos fogachos seja obscura, os cientistas têm certeza de que ela se relaciona ao hipotálamo (o centro regulador do calor, no cérebro) e de que eles são desencadeados pela queda dos níveis de estrogênio. Também a ação de substâncias chamadas endorfinas teriam influência, pois sabe-se que estas estão aumentadas no início dos sintomas das ondas de calor.

O sangue corre para os vasos sanguíneos e faz a pele esquentar e transpirar. À medida que a transpiração evapora, o sangue esfria e baixa a temperatura do corpo. É isso que se dá durante o fogacho. Por que ocorre essa cadeia de acontecimentos, ainda não se sabe. Seria maravilhoso se algum dia as mulheres, entendendo o siginificado biológico dos fogachos, ficassem tranqüilas quanto a eles, em vez de se adaptarem aos sentimentos negativos a eles associados.

Como as Mulheres Enfrentam os Fogachos

A maneira pela qual a mulher enfrenta os fogachos depende muito da intensidade deles. Ela poderá contorná-los sem fazer nada de especial, ou apenas fazendo alguns ajustes na sua rotina diária:

l. Roupas

Algo tão simples como uma mudança nos hábitos de se vestir pode fazer uma diferença enorme para o conforto da mulher. Deve-se evitar os tecidos sintéticos como poliéster e náilon, que retêm a transpiração. Algodão é mais fresco e permite que a pele respire. Vestir-se com peças superpostas facilitará tirar e colocar roupas quando transpirar ou sentir frio alternadamente.

Deve-se ficar o mais confortável possível. As roupas de cama também devem ser escolhidas com a mesma preocupação. O algodão é o preferido para os lençóis, fronhas e pijamas.

2. Esfriadores do Corpo

Beber algo bem gelado pode ajudar a esfriar o corpo durante um fogacho. Deve-se deixar água gelada numa garrafa térmica bem à mão. Algumas mulheres sentem alívio quando esfriam o rosto ou a nuca.

Sentir frio na pele, seja de ar-condicionado ou de um ventilador, também pode trazer alívio. Uma solução simples é trazer sempre um leque na bolsa, mas como isso está em desuso em nossos dias e pode chamar a atenção, pode causar na maioria das vezes um constrangimento. Em casa, uma chuveirada fria proporciona o mesmo resultado, como também um bom mergulho em uma piscina.

3. Fantasias Mentais

Algumas artimanhas conseguem desviar a atenção dos fogachos. Deve-se fechar os olhos e imaginar-se em situações em que o ambiente à volta seja muito frio, como na neve ou num mar gelado. Acima de tudo deve-se manter a calma. A mulher deve se lembrar que o fogacho na verdade não causa mal algum e logo passará. Quanto mais ela se irritar, mais ele se intensificará. Sedativos e tranqüilizantes são também prescritos, pois relaxam e acalmam os nervos, principalmente no período noturno, ajudando a mulher a ter um sono tranqüilo. Embora sejam úteis, no entanto, podem criar dependência.

4. Sentimentos Constrangedores

Algumas mulheres ficam constrangidas de ter um fogacho em público e acham que todos estão olhando para ela. Embora às vezes sejam fisicamente aparentes, em sua maioria não o são. Não há por que ficar embaraçada, pois eles são sintomas naturais que acontecem a quase todas as mulheres, independentemente de raça ou país. Admitir que se está tendo um fogacho talvez seja a melhor maneira de lidar com o problema.

Resumindo

Não deve haver preocupação pois os sintomas vasomotores dos fogachos podem ser controlados e as seguintes medidas podem ser úteis:

— Usar roupas de algodão, de preferência superpostas, para serem tiradas à medida que a temperatura aumentar ou mantidas se esta cair.

— Tomar muito banho frio e usar talcos e desodorantes após.

— Usar roupas de cama e pijamas de algodão.

— Evitar bebidas quentes, principalmente antes de dormir.

— Evitar comidas muito condimentadas e picantes.

— Evitar cigarro e bebidas alcoólicas em demasia.

— Preferir ambientes ventilados ou refrigerados.

— "Curtir" os fogachos, caso eles apareçam, e não ficar constrangida.

6. Aspectos Psíquicos do Climatério

A menopausa é um processo universal. Toda mulher que atinge a meia-idade, independentemente de nacionalidade, cor, cultura, escolaridade, profissão, nível sócio-econômico e estado civil, irá passar por um período de alterações dos fatores biológicos, psicológicos e sociais. Da confluência desses dados surge o climatério, que será vivenciado de diferentes modos, de acordo com o contexto sócio-cultural de cada uma.

Portanto, o climatério é altamente subjetivo, e cada mulher irá vivenciá-lo à sua maneira, que poderá ser variável durante o longo período dos 35 aos 75 anos de vida, em média.

A menopausa — perda da capacidade de procriação — pode causar repercussões importantes no psiquismo feminino. E a dificuldade maior está em se compreender como a mulher poderá conviver com a carência hormonal e suas conseqüências, como mudanças no corpo e outras alterações em sua vida. Importante também é estudar todo o processo social que ocorre com essa mulher em relação aos seus familiares, ao ambiente de trabalho e ao meio social-esportivo que freqüenta.

Na menopausa, a mulher tem conflitos e incertezas quanto à sua sexualidade, dúvidas sobre o que está ocorrendo com o seu corpo, medo da velhice, desejo de afastar-se do meio social e sensação de término de vida. Dúvidas semelhantes a essa ocorrem na menarca (início das menstruações), porém a jovem ganha nesse processo o direito da sexualidade e da procriação.

Na menopausa, ao contrário, a mulher muitas vezes associa a perda da capacidade reprodutiva ao término da vida sexual e ocaso da sua existência. Entretanto, a mulher que se realizou na maternidade e na vida sexual não terá esse tipo de sentimento mutilador. Sentirá, sim, que está iniciando uma nova fase de sua vida, estando agora mais amadurecida e capaz para reconduzir os vínculos com seus familiares, com o seu companheiro e com o ambiente social. Sem dúvida essa conduta dependerá da estrutura intrapsíquica de cada uma.

Crise da Meia-idade

Na década entre os 40 e os 50 anos, homens e mulheres costumam fazer um levantamento de suas vidas, tentando responder a perguntas como: "Quem sou eu?", "O que consegui na minha vida?", "O que ocorrerá após a morte?" Essas angústias se exacerbam caso tenham problemas não-resolvidos no passado, que irão agitar ainda mais as emoções nessa fase. Em meio a esse emaranhado de emoções, as mulheres ainda têm que enfrentar as mudanças físicas da menopausa. A época da procriação terminou, e isso pode ser até encarado como missão cumprida. Ainda pode existir a sensação de alívio pela perda das menstruações, ou, por outro lado, o fim das menstruações poderá trazer a muitas mulheres uma lembrança concreta de envelhecimento.

Quando se é jovem, pensa-se que se vai viver para sempre. Mudanças no corpo, ganho de peso, descontrole e término das menstruações fazem com que se visualize mais de perto a mortalidade. No ambiente social e de trabalho, as pessoas começam a tratar a mulher de uma forma mais cerimoniosa, e se percebe que o que sempre foi temido está ocorrendo.

Entretanto, as mulheres hoje em dia, na grande maioria, são mais conservadas nesta faixa etária. Antes, se aos 55 anos costumavam ser grisalhas, hoje são ativas, têm mais certeza do que querem e cuidam do seu físico.

A autoconfiança aumenta à medida que se envelhece, e é um grande erro pensar que não se tem mais nada a realizar na vida, que dos 60 anos em diante já não há objetivos a serem alcançados.

Para as mulheres que vivem a vida pelo seu lado exterior, que valorizam excessivamente a juventude, no sentido da beleza física, o climatério será um sério golpe. Então, a crise da meia-idade é fruto do envelhecimento, do questionamento dos valores, da sensação muito próxima de que a vida tem um fim, em que ocorre a crise de identidade e da auto-estima.

As Mulheres na Encruzilhada da Vida

A natureza não foi muito favorável à mulher, colocando-a sob modificações hormonais numa fase em que em todo contexto social ela está vivenciando um processo no "contrapé da história". Assim, a tensão, a busca de seus valores reais, a sensação de vazio por não ter conseguido muito na vida coincidem com todas as sintomatologias físicas e psíquicas advindas da carência hormonal.

Na década dos 40 aos 50 anos, a mulher estará convivendo com a problemática de uma relação afetiva desgastada com seu parceiro, da "perda" dos filhos, de uma aposentadoria, e, o que é pior, com a presença marcante do envelhecimento e dos anos que se passaram muito rapidamente.

1. Pais idosos — A mulher nasce sob a guarda e proteção da família. Nem o casamento, na maioria das vezes, consegue pôr fim a esse elo sanguíneo e afetivo. Entretanto, à medida que os pais envelhecem, o relacionamento com eles se inverte. De protegida a mulher passa a protetora dos pais idosos e até mesmo inválidos, provendo-os de suas necessidades físicas, afetivas e econômicas, se necessário.

Geralmente compete à filha mulher o papel de guardiã, e ela se sente dividida entre sua atual família, seus pais (e até os pais de seu marido) e suas obrigações para consigo mesma. A maioria dedica-se aos que estão à sua volta e esquece de si, o que acarretará desespero e angústia quando se percebe que o tempo passou e nada foi feito em benefício próprio para minorar os problemas dessa fase da vida.

A morte dos pais é um episódio ainda mais traumático. Eles, que sempre foram seus protetores, deixam, com sua ausência, o vazio e a pesada incumbência de assumir o mesmo papel que eles outrora exerceram.

2. Síndrome do ninho vazio — Após tantos anos dedicando-se à família e principalmente aos filhos, a mulher sente um choque quando vê que eles, já crescidos, saem de casa para seguir seus próprios caminhos. Algumas mulheres que durante toda a vida não trabalharam fora do lar são as mais atingidas pela síndrome do ninho vazio. Ao verem seus filhos fora de sua proteção, não necessitando mais de sua assistência, sentem-se como se a vida tivesse terminado exatamente ali. Não vêem mais sentido em continuar a fazer o que sempre fizeram, e entram em depressão.

Algumas mães de meia-idade que convivem com filhos adolescentes queixam-se da dificuldade de conviver com eles. Comumente, há um choque entre duas gerações que estão atravessando crises de identidade próprias para cada idade.

Já os filhos mais crescidos podem acarretar outros tipos de problema, como a escolha da namorada, a decisão de um casamento precoce, ou até a opção de viverem juntos sem se casarem. Algumas vezes a presença de uma gravidez indesejável piora ainda mais a situação, e transporta a mulher prematuramente ao *status* de avó, que para muitas é altamente desconfortável.

Alguns filhos em idade adulta parecem não querer abandonar o conforto do lar materno. Por comodidade, empurram para a mãe o papel de sogra, avó e cozinheira. Esses novos papéis trazem para a mulher muita alegria, mas podem também causar tensão e sobrecarga física.

O que realmente pesa é sentir que os filhos, na maioria das vezes, tomam decisões opostas ao que sempre foi idealizado para eles pelos pais.

3. Casamento — Muitas vezes o ninho vazio contribui para que o casal passe a vivenciar mais a companhia um do outro e a desfrutar mais dos compromissos sociais, de viagens e de uma intimidade renovada. Esses fatores trazem um benefício também para a vida sexual do casal.

Um bom casamento sem dúvida faz com que a mulher enfrente com mais segurança a crise de meia-idade. Os homens devem ser educados por suas mães para conhecerem essas alterações físicas e psíquicas que ocorrem com as mulheres nessa fase da vida, para que, mais tarde, eles possam entender mais facilmente o que está ocorrendo com sua companheira.

O amor e o apoio do marido são muito importantes para a mulher, e, caso isso não esteja ocorrendo, cabe à mulher, através de uma conversa franca, explicar a ele o que está se passando em sua vida.

Talvez o homem também esteja afundado na sua própria crise da meia-idade, e se sentindo infeliz e irritado com os sinais físicos do envelhecimento. Alguns casais entram em crise e descobrem que sobrou muito pouco em comum depois que os filhos se foram, decidindo então pela separação.

Divórcio na Meia-idade

A mulher que se divorcia após vinte ou trinta anos de casamento pode sentir-se só e isolada, numa sociedade que ainda discrimina a mulher divorciada. As antigas amigas a convidam para almoçar, mas nunca para jantares, ou para outras ocasiões sociais, pois temem por seus maridos.

As mulheres que durante anos vivenciaram um relacionamento altamente desgastante apenas para preservar a estrutura de uma família sentem-se agora livres para seguir suas vidas, a separação passa a ter uma conotação altamente favorável, e ela enfrentará as adversidades sociais com maior tranqüilidade.

Um outro aspecto importante é o econômico. A mulher terá agora de tomar decisões importantes e, na maioria das vezes, baixar seu nível social, pois terá que conviver com um poder aquisitivo menor. Muitas que eram donas-de-casa em tempo integral são obrigadas a procurar trabalho, com poucas habilitações e autoconfiança. Entretanto, algumas, ao enfrentar essa situação, descobrem um poder interior que nunca antes havia sido revelado.

Apesar de nossas leis serem imparciais, sua prática diária nos demonstra que as sentenças de pensão alimentícia e de formal de partilha nas separações são altamente favoráveis aos homens, em detrimento dos direitos das mulheres. O "espírito" da lei é machista.

Viuvez na Meia-idade

A mulher que fica viúva após longos anos de convivência sente como se a vida lhe houvesse "puxado o tapete" de sob os pés. Experimentam uma sensação de perda muito grande, como se uma parte de si houvesse morrido juntamente com o cônjuge. Muitas desencadeiam um processo de autodestruição e antecipam sua própria morte, que ocorre pouco tempo após a do marido.

No divórcio existe sempre um sentimento de culpa. Na viuvez, ao contrário a ausência faz com que a mulher enalteça ainda mais a falta do companheiro. Difícil encontrarmos uma viúva que bendiga a sua condição. A maioria das mulheres tem a tendência de lamentar a perda e exaltar as melhores qualidades dos maridos, omitindo seus defeitos. No entanto, a morte poderá às vezes decidir uma situação desconfortável que vinha se arrastando há anos entre o casal.

A tendência da mulher após a viuvez é de se apegar aos filhos, aos netos, até se aperceber de que terá de lutar por uma vida própria. Muitas delas procuram novas ocupações e até voltam a trabalhar, independentemente da necessidade econômica. Da mesma forma que após o divórcio, o poder aquisitivo pode cair, e a crise econômica colocará a mulher frente a um grande problema nessa etapa da vida.

O Espelho

Nossa cultura reverencia o jovem em detrimento dos mais velhos. As revistas apresentam apenas rostos jovens e perfeitos, e todas as propagandas são no sentido de que a mulher deva esconder o mais possível os sinais dos anos. Disfarçar as rugas, tingir os cabelos e cirurgias plásticas são recursos que se tornam obrigatórios após os quarenta anos.

Os homens com têmporas grisalhas ou começo de calvície são rotulados como charmosos e ainda são galãs em muitas novelas, filmes e até na vida real. Raramente se vê uma mulher de meia-idade que não utilize artifícios para esconder o desgaste dos anos, ou mesmo ter algum sucesso apresentando de forma natural as marcas dos anos.

O termo menopausa revestiu-se de conotações altamente pejorativas. Quando em algum ambiente social ou de trabalho se faz alusão a uma mulher de meia-idade, alguém sempre faz uma chacota a respeito da menopausa. Com uma cultura tão unilateral projetando a juventude, a mulher, ao sentir o peso dos anos, começa, em alguns casos, a se desesperar.

O espelho reflete a realidade das marcas do tempo. Aquelas que sempre tiveram uma vida interior valorizada não sofrerão tanto com a decadência física. A imagem que a mulher faz de si mesma será resgatada na menopausa, se ela acreditar que se trata de uma fase de adaptação, em que houve apenas o término da vida reprodutiva, e, se bem vivenciada, será responsável por sua maior longevidade, e não representará apenas um processo de decadência física e psíquica.

SINTOMAS PSÍQUICOS

1. Diminuição do Rendimento — Dificuldade de concentração, perda de memória, menor agilidade e incapacidade para tarefas delicadas são sintomas que acometem as mulheres de uma forma lenta e gradativa, que às vezes passam despercebidos até por elas mesmas. Estudos revelam que após a estrogenioterapia as mulheres apresentam uma melhora significativa desses sintomas.

2. Astenia — As mulheres costumam queixar-se de cansaço, fadiga extrema, mal estar geral e indisposição para tudo. Esses sintomas podem aparecer na primeira fase do climatério (no período pré-menopausa) e agravar-se caso a mulher apresente hemorragias ou menstruações excessivas.

3. Irritação, Intolerância e Nervosismo — No período do climatério, pequenos problemas, antes contornados com facilidade, agora apresentam maior dificuldade de serem superados. Queixas como irritabilidade, inquietude, tensão, ansiedade, sentimentos de pânico, medo do futuro, intolerância aos pequenos problemas e nervosismo acentuado são alguns dos sintomas que podem acometer a mulher no seu dia-a-dia. Essa sintomatologia faz com que a mulher cada vez mais se enclausure no lar e fuja das reuniões sociais. Aliadas a essa sintomatologia psíquica podem aparecer alterações físicas, como aumento da freqüência dos batimentos cardíacos e da pressão arterial.

4. Depressão — A melancolia e a tristeza sem motivo aparente são sintomas muito freqüentes nesse período da vida da mulher. Esses sintomas ocorrem mais freqüentemente nas que têm um enfoque negativo da menopausa.

A depressão apresenta múltiplos fatores desencadeantes, e é importante investigar o passado e o presente no que se refere aos problemas emocionais. Só assim podemos ter uma noção mais precisa dos sintomas que apareceram por ocasião da menopausa.

As mulheres que foram depressivas por toda a vida terão nessa fase maior tendência a apresentar essa sintomatologia com maior intensidade. Muitas mulheres, ao presenciarem a decadência física, antevêem um futuro sombrio, passam a sentir que a vida não vale a pena ser vivida e com isso perdem o interesse de viver.

Entretanto, aparentemente a síndrome psíquica menopausal está mais relacionada às características pessoais de cada mulher do que à menopausa em si. Podemos então ter dois grupos de mulheres: aquelas que sempre foram deprimidas e aquelas em quem a menopausa funciona apenas como fator desencadeante, de exacerbação da sintomatologia depressiva. Um outro grupo seria composto de mulheres que nunca tiveram crises depressivas e agora passam a senti-las com freqüência e intensidade cada vez maiores.

De todos os sintomas psíquicos, a depressão é sem dúvida o mais grave, e que marginaliza a mulher de seu convívio de trabalho, familiar e social. Muitas vêem seu relacionamento conjugal se esfacelar devido à impossibilidade de manter uma convivência dentro dos parâmetros da normalidade.

5. Insônia — Os distúrbios do sono podem consistir em dificuldade de dormir à noite, inquietude ao deitar e um sono "leve" durante o repouso noturno, despertando após pouco tempo, intercalando com períodos de vigília, ou até mesmo em total incapacidade de se conciliar o sono.

A insônia geralmente anda de mãos dadas com a tensão. Problemas que não foram solucionados durante o dia vêm como *flashes* contínuos na mente assim que se coloca a cabeça sobre o travesseiro.

Alguns parâmetros servem para orientar quanto ao diagnóstico da insônia. Uma pessoa normal leva em média quinze minutos para dormir, e após esse período já existem indícios de insônia que poderá se caracterizar ainda mais caso haja necessidade de algum tipo de ajuda medicamentosa mais de duas vezes por semana. O portador de insônia, ao acordar durante a noite, leva mais de cinco ou dez minutos para voltar a dormir.

A necessidade de sono muda de acordo com a saúde física e mental de cada um. Quando se está bem e com saúde, precisa-se de menor quantidade de horas dormidas. Nos períodos de doenças, problemas sérios e depressões, o organismo necessita de maior quantidade de sono. Cada pessoa tem o seu parâmetro ideal de número de horas a serem dormidas. Algumas passam muito bem com apenas quatro horas de sono por noite. O importante não é o número de horas que se dorme, mas sim como se sente no dia seguinte. Existem pessoas que após oito horas de sono acordam ainda sonolentas. Também a qualidade do sono é muito importante. Pode-se dormir pouco tempo, mas, se o sono for profundo e reparador, será o suficiente.

Quando se é jovem se tem necessidade de dormir mais; com o envelhecimento essa necessidade diminui. A falta de sono prolongada parece não influenciar nas tarefas que exigem aptidões muito desenvolvidas, mas as atividades do dia-a-dia ficam prejudicadas.

Técnicas de Combate à Insônia

1. **Redução da Tensão** — Existem técnicas excelentes para o relaxamento antes de dormir, que auxiliam no controle das emoções e podem ser efetuadas em qualquer lugar e a qualquer hora. Existem técnicas que ensinam a contrair e depois relaxar sistematicamente determinados músculos do corpo. Devem ser feitas em um local sossegado, com roupas confortáveis, e jamais após uma refeição.

Deve-se inspirar e expirar calmamente, devagar, profunda

e ritmadamente. O ar inspirado causa tensão, e o expirado, relaxamento. Quando se sentir relaxada, concentre-se nos músculos dos pés, um a um, contraindo e depois relaxando cada pé alternadamente. Suba pelo resto do corpo, contraindo e soltando toda a musculatura das pernas, coxas, região pélvica, abdome e nádegas.

Depois prossiga com as mãos, antebraço e braços. Conserve os músculos contraídos por alguns segundos e relaxe gradativamente. Curve o queixo sobre o peito, depois relaxe, curve as costas por um momento, descontraindo a seguir. Deve-se comprimir toda a musculatura da face, queixo, pálpebras, lábios, testa e couro cabeludo, e depois relaxar. Esse exercício deve ser praticado por vários minutos duas vezes ao dia.

2. Esqueça as Preocupações — Os problemas sérios devem ser deixados fora da cama. Na hora de dormir, deve haver um desligamento de tudo. Tomar um banho de água morna, ouvir uma música suave, ver um programa tranqüilo na televisão, ler, ou qualquer outra atividade que não seja aborrecida ou muito estimulante são aconselháveis.

3. Ambiente Confortável — O ambiente de dormir deve ser tranqüilo e agradável, sem muita luminosidade e ruído. Se necessário, devem-se utilizar protetores para os ouvidos e máscaras para os olhos. A temperatura deverá ser adequada, e aconselha-se dormir em colchão firme e confortável.

4. Exercícios — Os exercícios, quando feitos diariamente, à tarde ou no começo da noite, constituem um bom relaxamento e induzirão ao sono. Quando feitos pela manhã, dão tempo ao corpo para tornar a revitalizar-se durante todo o dia. No entanto, eles não devem ser feitos muito próximos ao horário de dormir, pois podem ser excessivamente estimulantes. As relações sexuais e a masturbação aliviam as tensões e ajudam a induzir ao sono.

5. Estimulantes — Algumas substâncias funcionam como estimulantes do organismo, aumentando a pulsação cardíaca e a respiração e deixando o indivíduo ansioso, inquieto e nervoso. Um exemplo corriqueiro é a cafeína, e substâncias como chá, chocolate e refrigerantes também podem funcionar como estimulantes.

O cigarro também é estimulante e interfere no sono, e as pessoas viciadas acordam com freqüência durante a noite. Como regra geral, deve-se evitar essas substâncias estimulantes seis horas antes de ir para a cama.

6. Remédios para Dormir — Algumas bebidas alcoólicas ocasionalmente podem funcionar muito bem como indutores do sono. Porém o álcool, quando usado por um período prolongado, deixa de funcionar como sonífero. Entretanto, o sono induzido pelo álcool tende a ser mais leve e menos reconfortante.

Os comprimidos para dormir são úteis em determinadas circunstâncias de muita tensão. Seu uso cotidiano deve ser evitado, pois após um período a dosagem precisa ser aumentada para se obter o mesmo resultado.

Os comprimidos para dormir dão um sono mais leve e intermitente, que não produz o mesmo descanso que o sono natural. Além do mais, têm a tendência de deixar as pessoas sonolentas pela manhã.

Uma xícara de chá de ervas, bem quente, acalma e relaxa, e um lanche bem leve na hora de dormir poderão substituir os soníferos e estimular um sono profundo.

7. Hábitos de Dormir — Criar uma rotina para antes de dormir: um bom banho, colocar a roupa de dormir e escovar os dentes podem ser circunstâncias que, ao serem feitas repetidamente, induzem ao sono.

Ao deitar, dar um prazo de no máximo vinte minutos para conciliar o sono; se não conseguir, melhor será levantar e sair do quarto. Dedicar-se a atividades amenas como leitura, costura, escrever cartas, e só voltar para a cama quando tiver certeza de que está com muito sono será o mais indicado.

A cama deve ser usada somente para dormir e para o sexo. Assistir à televisão, ler um livro ou qualquer outra atividade devem ser feitos em outro local.

Se após cinco ou seis horas você despertar, não convém continuar deitada, forçando-se a ter horas extras de sono. Acordar cedo pode significar menor necessidade de sono. Deve-se levantar e iniciar os afazeres do dia.

O corpo sabe quando está cansado e pede para repousar quando acha necessário.

Estresse no Climatério

A falta de informação do que está ocorrendo com a mulher no período do climatério faz com que ela cada vez mais tenha dificuldade em lidar com os problemas nessa fase da vida, acarretando ansiedade e estresse.

O estresse surge quando uma pessoa não consegue lidar com um problema apresentado. Todos enfrentam, durante a vida, situações positivas ou negativas, que provocam estresse. Quanto mais informação e conhecimento se tem sobre uma determinada circunstância, menor será a ansiedade provocada por ela. O desconhecido é sempre o grande vilão, o maior gerador de estresse.

O ser humano, durante a vida, convive com várias circunstâncias estressógenas como o casamento, divórcio, trabalho, desemprego, morte, nascimento dos filhos, e, na mulher, o climatério. Nesta fase, a mulher sofre modificações orgânicas que poderão acarretar problemas psíquicos como depressão, irritabilidade, dores de cabeça, angústia e perda da auto-estima. O fato de a mulher desconhecer que todos esses sintomas fazem parte do processo da menopausa gera um estresse. Ao conhecer o processo e o que está lhe acontecendo, o nível de ansiedade diminui, e o que era "desconhecido e amedrontador" passa a ser facilmente compreensível.

Nesse ponto, o papel do médico é muito importante, pois, além de fornecer o tratamento de reposição hormonal, que irá abrandar a sintomatologia, ele pode esclarecer todas as dúvidas da paciente, baixando assim o seu nível de tensão.

O mais comum é encontrar mulheres que desconhecem o que está ocorrendo no seu organismo durante o climatério. Estudos demonstram que 25% das mulheres têm aversão à menopausa e esperam alguma repercussão negativa sobre sua saúde. O climatério é uma fase da vida da mulher que exige dela adaptação a uma nova situação, e muitas vezes ela passa a questionar toda uma postura de vida. É importante que a mulher saiba diferenciar da tristeza e depressão os momentos de reflexão e introspecção, pois a depressão tem uma causa orgânica (queda hormonal).

O estresse físico também deve ser evitado, pois pode gerar o estresse psíquico. Para manter corpo e mente saudáveis, a mulher deverá estar bem-informada, estabelecer metas possíveis de serem alcançadas, não exagerar na carga horária de trabalho, manter hábitos alimentares saudáveis, praticar exercícios físicos e fazer seus tratamentos hormonais sob orientação médica.

Por tudo o que foi demonstrado, são inúmeras as mudanças psíquicas que ocorrem no climatério. A questão é saber como elas serão encaradas pelas mulheres, pois são tão significativas que quase alteram a sua identidade, levando a um novo ajustamento sócio-familiar.

Fatores da nossa cultura funcionam exacerbando toda essa sintomatologia. Existe por exemplo uma preocupação exagerada com a idade, alimentada pela "indústria do rejuvenescimento", que cria na mulher uma verdadeira fobia à velhice. Esses fatores estão sempre presentes, pois não se consegue viver fora do contexto social e cultural. Se possível, a mulher deve, já por volta dos quarenta anos, ter uma orientação psíquica para enfrentar com maior tranqüilidade essa fase.

É hora de a mulher resgatar sua dignidade, valorizar o que possui, convivendo melhor consigo mesma e com o mundo externo. Logo, a menopausa pode ser uma fase de reflexão e elaboração de uma série de problemas que acompanham a mulher há anos, levando-a ao crescimento emocional. É a hora de a mulher "virar os anos a seu favor".

7. Mamas e Climatério

O câncer de mama é a neoplasia mais freqüente da mulher, e ocorre superficialmente após os quarenta anos de idade. A relação entre o tratamento de reposição hormonal no climatério e o aparecimento de câncer de mama é um assunto extremamente controvertido e polêmico. Entretanto, pode-se afirmar, com base em intensos estudos, que a dose parece não ter efeito, mas sim o tempo de uso. Afirma-se que mulheres acima de cinqüenta anos têm a chance aumentada de nove para dez por cento de apresentar câncer de mama, depois de dez anos de uso continuado de estrogênio. Entretanto, poucas são as mulheres que se submetem a um tratamento que se prolongue por mais de dez anos.

Atualmente, com base nos dados disponíveis, pode-se afirmar que a terapia de reposição hormonal do climatério, nos esquemas de tratamento recomendados, pode aumentar a incidência de câncer de mama num percentual abaixo de um quando a mesma terapia ultrapassar os dez anos, de uma forma continuada. Estudos demonstram que o uso de estrogênios em dosagens adequadas não aumenta o risco relativo de câncer de mama quando administrados durante cinco anos seguidamente.

Importante ressaltarmos que vários fatores além dos estrogênios influenciam no aumento da incidência do câncer de mama; outros hormônios como a prolactina, o hormônio do crescimento, a insulina, o hormônio de tireóide também causam múltiplas modificações nas células dos ductos mamários.

A terapia estrogênica numa mulher que ainda tem útero deve vir acompanhada de uma reposição de progestogênio para a proteção contra o câncer do endométrio. Entretanto, não existem indícios de que a progesterona tenha uma ação protetora sobre a mama.

Quando a mulher inicia um tratamento de reposição hormonal, deve analisar o seu estilo de vida. Deverá orientar-se no condicionamento físico, para reduzir a resistência à insulina, melhorar a tolerância à glicose e diminuir o risco de osteoporose. Uma boa alimentação reduz os níveis de colesterol, e deve-se evitar ao máximo os alimentos gordurosos, doces, massas e chocolate, bem como a ingestão de frutas oleosas como abacate, manga e banana.

Deve-se evitar situações que venham a acarretar estresse, que agravam as condições determinantes dos riscos de doenças cardiovasculares e câncer de mama.

O tabagismo também é um fator de risco para vários processos patológicos, e, segundo alguns estudos, seria até contradição a estrogenioterapia quando o número de cigarros consumidos por dia é superior a dez.

Diagnóstico Precoce

Nos últimos trinta anos, os métodos de imagem para diagnóstico de lesões mamárias sofreram grande aperfeiçoamento.

A mamografia (radiografia das mamas) é reconhecida mundialmente como o mais importante dos exames na detecção precoce dos tumores, muitas vezes ainda não-palpáveis. Esse diagnóstico precoce permite a realização de uma cirurgia menos mutiladora da mama, podendo até possibilitar a cura da doença.

A mamografia deve ser realizada em mulheres acima de 35 anos de idade, a cada dois anos na faixa etária entre os 40 e 50 anos. Deve ser feita anualmente após os 50 anos de idade.

Dependendo da história familiar e da necessidade de cada caso, esse intervalo poderá ser encurtado. Durante o exame, é feita uma compresão muito grande nas mamas, o que faz com que as mulheres temam o exame e prefiram a ultra-sonografia. Entretanto, a ultra-sonografia só deverá ser feita para complementação de diagnóstico ou antes dos 35 anos. Caso contrário, o exame de eleição é a mamografia, e a compressão é uma etapa importante do exame, pois além de reduzir a dose de radiação absorvida pela mama, pode ser o fator decisivo entre a visualização ou não de um pequeno tumor.

Nos modernos mamógrafos (aparelhos para realização de radiografias mamárias), a fase da compressão é lenta e gradual, sendo bem tolerada pelas mulheres, e muitas vezes até indolor.

Quando bem realizada e bem interpretada, a radiografia pode salvar vidas. Portanto, as mulheres não devem se furtar a esse exame.

O diagnóstico precoce do câncer de mama está cada vez mais acessível a todas as mulheres, e é um desafio para elas. Vencer esse obstáculo deve ser a meta de cada mulher.

Tratamento

Como devemos fazer uso de um tratamento de reposição hormonal, já que o estrogênio apresenta esse potencial em relação ao câncer de mama? Mulheres que fazem uso de estrogênios vivem mais. Logo, a relação risco-benefício é favorável ao tratamento, já que o aumento da incidência do câncer de mama, como já dissemos, é de apenas de um por cento após um uso prolongado de dez anos. Somente após quinze anos de uso continuado o fator de risco passa a dois e meio por cento acima dos nove por cento habitual. Além disso, a prática de se realizar mamografias antes do início do tratamento e depois repeti-las anualmente em pacientes que já atingiram 50 anos aumenta a possibilidade de um diagnóstico precoce. Outro fator de risco é a presença de casos de câncer de mama na família. Essas pacientes devem receber uma atenção especial. Pode-se afirmar com base em estudos que uma mulher de 50 anos tem uma chance aumentada de nove para dez por cento de apresentar câncer de mama, depois de dez anos de uso continuado de estrogênios. Essa taxa será um pouco maior se houver história de câncer de mama na mesma família.

Em resumo, o aumento do risco do câncer de mama com a estrogenioterapia é mínimo perto do benefício que esse tratamento acarreta em termos de melhor qualidade de vida e de prevenção das doenças cardiovasculares e da osteoporose. Os defensores do uso do estrogênio enfatizam a intensa proteção que eles trazem contra as doenças coronarianas na mulher. Estudos mostraram que a mortalidade por vários tipos de câncer, incluindo o de mama, foi mais baixa entre as usuárias de estrogênio, em comparação com as não usuárias. A mortalidade feminina, por todas as causas, foi 20 por cento mais baixa nas mulheres sob tratamento hormonal em comparação com as que não se submeteram à estrogenioterapia. Logo, a relação risco-benefício do tratamento é muito favorável. Deve-se no entanto esclarecer as pacientes candidatas a essa forma de tratamento quanto aos benefícios, aos aspectos controvertidos e aos possíveis riscos, principalmente se ela for de uma família em que a incidência do câncer de mama é acentuada.

Exames como a mamografia devem ser feitos de rotina, anualmente, durante o período em que a mulher estiver em tratamento de reposição hormonal. Em pacientes portadoras de câncer de mama, em que se desconhece o estado dos receptores hormonais do tumor primário, a terapia de reposição hormonal está contra-indicada a não ser que a paciente queira se submeter aos riscos potenciais da estrogenioterapia, utilizando-se do benefício do tratamento.

Mulheres Portadoras de Câncer x Reposição Hormonal

Há indícios de que os estrogênios e a progesterona possam facilitar o aparecimento de metástases latentes em algum lugar, ou até que possam desencadear um câncer na outra mama. Entretanto, são só indícios, pois estudos mais recentes não conseguiram ainda chegar a uma conclusão quanto aos dados favoráveis ou contrários a essa hipótese. Nas pacientes já portadoras de um câncer, se durante o tratamento de reposição hormonal aparecer uma metástase, resta sempre a dúvida se ela iria ocorrer mesmo ou se é fruto da terapêutica hormonal. Como os estudos ainda são muito imprecisos, convém usar outros tratamentos para debelar os sintomas do climatério, fugindo assim dos riscos da estrogenioterapia.

Resumo

A administração a longo prazo de estrogênios e progestogênios (associada para reduzir o câncer do endométrio) será marcada por uma relação custo-benefício altamente favorável. Quanto maior o número de casos pesquisados, maior está sendo a diluição do risco do câncer de mama com a estrogenioterapia.

Em recente revisão, sugeriu-se que em pacientes portadoras de câncer de mama sem metástases nos gânglios axilares a terapia de reposição hormonal poderá vir a ser uma decisão racional. Vários estudos tentam comprovar a veracidade dessa afirmação.

8. Alterações Uterinas no Climatério

O útero é o órgão que mais sofre patologias durante o período do climatério. Essas alterações podem ser benignas ou malignas. Estas poderão ser prevenidas e, diagnosticadas precocemente, apresentam alto índice de cura. A mulher que se propõe a utilizar a terapêutica estrogênica nessa fase de vida deverá fazê-lo sob orientação médica especializada e um acompanhamento rigoroso, com todos os meios diagnósticos que nos oferece a medicina moderna.

Patologias mais Freqüentes

1. Sangramento uterino disfuncional — Descartada a hipótese de alguma alteração orgânica, como um mioma, por exemplo, quando ocorrem mudanças na quantidade de perda sanguínea, na duração e na periodicidade do ciclo menstrual, essas anomalias advêm de alterações hormonais. Pode ocorrer um sangramento aumentado, encurtamento nos ciclos e até uma perda sanguínea irregular entre as menstruações (sangramento disfuncional).

O climatério é responsável por 60 a 70 por cento de todos os sangramentos disfuncionais. Na pré-menopausa, a alteração mais freqüente é a diminuição do intervalo menstrual. Na perimenopausa e na pós-menopausa, devido ao fato de os ciclos se darem sem ovulação, existe um maior espaçamento entre as menstruações. Após essa fase, a camada interna do útero (endométrio) ou se prolifera ou se atrofia definitivamente, assim permanecendo até a senectude.

2. Hiperplasia endometrial — É a patologia mais freqüente no sangramento uterino anormal na pré-menopausa e é resultante da hiperestimulação estrogênica. O diagnóstico é obtido por exame histológico do material, retirado em curetagem ou biópsia, da camada interna do útero. As mais comuns são a hiperplasia glandular simples e a hiperplasia glandular cística.

A histeroscopia — exame da cavidade interna do útero através de um aparelho — também é um método importante tanto para o diagnóstico como para o acompanhamento do tratamento.

As hiperplasias podem ser controladas com o uso de hormônios, e nas rebeldes a esse tratamento está indicada a curetagem uterina, que tem a dupla finalidade de fazer cessar a hemorragia e coletar material para um exame anatomopatológico, para determinar qual a patologia que está acometendo o endométrio.

Em casos de sangramento permanente ou recorrente com a terapêutica hormonal e a curetagem uterina, deve-se fazer o acompanhamento por um período de seis meses, quando então nova investigação deverá ser feita. A hiperplasia glandular simples pode ser tratada clinicamente. A histerectomia é o tratamento de eleição no caso da hiperplasia endometrial associada a outra patologia.

3. Leiomiomas ou miomas — Também chamados de fibromas, são tumores benignos da camada muscular da parede uterina. Acometem aproximadamente de 20 a 25 por cento das mulheres, e 30 por cento dos sangramentos anormais no climatério estão associados a eles. São mais comuns em mulheres da raça negra e nas que nunca tiveram filhos (nulíparas). Raramente os miomas são únicos. De acordo com a sua localização nas camadas da parede do útero, são classificados em subserosos (camada mais superficial), intramurais (inserem-se na camada muscular do útero) e submucosos (alojam-se na camada mais interna). Estes últimos são os maiores responsáveis pelas hemorragias.

O diagnóstico baseia-se na história clínica, no toque ginecológico e na ultra-sonografia. O tratamento é basicamente cirúrgico, mas a cirurgia só está indicada nos miomas que apresentam sintomas ou nos assintomáticos de grandes proporções que já estejam acarretando compressão nos demais órgãos da cavidade pélvica.

4. Pólipo endometrial — São formações em forma de gota, amolecidas ou pediculadas, de tamanho e localização variáveis. Atualmente, são mais bem diagnosticados através do ultra-som transvaginal. Na pós-menopausa, sua associação com o adenocarcinoma é de 15 a 35 por cento, daí a importância de seu diagnóstico. O diagnóstico e o tratamento são feitos através da curetagem ou da histeroscopia. Existem também os pólipos do canal cervical que podem aflorar no colo uterino, e que são removíveis em um simples exame em consultório, com pinça apropriada.

5. Carcinoma do endométrio — É um tumor maligno mais comum nas mulheres dos países desenvolvidos, onde o diagnóstico é feito mais facilmente. No Brasil, ocupa o segundo lugar dos tumores pélvicos (abdominais baixos).

Existem alguns fatores de alto risco para o carcinoma de endométrio, como a obesidade, o uso inadequado de estrogênios, a menopausa tardia (após os 52 anos) e a nuliparidade.

O carcinoma deve ser sempre excluído em mulheres pré-menopausais que apresentam sangramento irregular, bem como nas pós-menopausadas com sangramento, assim como nas portadoras de lesões endometriais freqüentes, como os pólipos. Seu tratamento é cirúrgico.

Estrogênio e Câncer do Endométrio

Ainda que tenha sido demonstrada uma associação entre o uso de estrogênio, hiperplasia e câncer de endométrio, esse fato só ocorre quando se submete o endométrio a um prolongado tratamento estrogênico, sem a associação da progesterona.

Consta que, ao se adicionar um progestogênio por 10 a 12 dias, num tratamento cíclico, a incidência de lesões hiperplásicas é reduzida a zero.

As usuárias de estrogênios que porventura desenvolveram um câncer por um outro motivo apresentam uma vantagem de sobrevida quando comparadas àquelas que desenvolvem o câncer sem a utilização da referida terapêutica. Isso porque as usuárias de estrogênio são mais freqüentemente controladas por seus médicos.

Existem ainda outras patologias, como os sarcomas uterinos (que correspondem a três por cento dos tumores uterinos), as adenomioses e a endometriose. Os diagnósticos podem ser feitos precocemente através da ultra-sonografia (ecografia), da citologia cervicovaginal (exame de Papanicolaou), de biópsia endometrial, da biópsia de pólipo do colo uterino, da histeroscopia e da curetagem uterina.

Resumo

A estrogenioterapia não está contra-indicada, pois a associação da progesterona por um período de 10 a 12 dias ao mês anula qualquer malefício que o estrogênio poderia causar ao endométrio.

9. Distúrbios Urinários no Climatério

A síndrome da deficiência estrogênica na mulher climatérica abrange principalmente as alterações genitourinárias. Todas as modificações observadas na mucosa vaginal também ocorrem na mucosa da uretra e bexiga.

Estudos demonstram que aproximadamente 50% das mulheres com mais de 60 anos sofrem de um certo grau de transtornos urogenitais. Estatisticamente, demonstrou-se que entre as mulheres de 65 anos de idade 15 por cento sofrerão de incontinência urinária, e aos 85 anos essa proporção será de 25 por cento. Isso demonstra que, ao redor dos 60 anos, uma em cada duas mulheres tem moléstia urogenital, proveniente da deficiência estrogênica. Pelo exposto, deduz-se que a incontinência urinária é o problema mais comum e afeta mais da metade de todas as mulheres em algum período pós-menopausa. Também as infecções urinárias e as cistites são freqüentes nessa fase. Uma entre 10 mulheres de 50 anos apresenta um grau de incontinência urinária, mesmo que já tenham sido submetidas há mais de dez anos à cirurgia para correção de queda da bexiga.

Tanto a vagina como a bexiga e a uretra são revestidas por um tecido conjuntivo cujo componente mais importante é o colágeno, que diminui em média dois por cento ao ano após a menopausa, contribuindo para as alterações do trato urogenital. A queda do estrógeno diminui a fabricação de colágeno, causando menor elasticidade da pele, das mucosas e ligamentos. Esse mecanismo se traduz em flacidez dos tecidos, com a conseqüente queda da bexiga e uretra, propiciando o aparecimento das cistites e perdas urinárias.

Os estrogênios, por aumentarem a circulação sanguínea, irão restaurar o turgor da mucosa urogenital. Na menopausa, os receptores estrogênicos da mucosa que reveste a bexiga e a uretra diminuem, mas com o tratamento de reposição hormonal eles podem voltar aos níveis de concentração da pré-menopausa.

Sintomatologia

Os distúrbios urinários mais freqüentes no climatério são a bexiga instável, a síndrome uretral, a infecção do trato urinário baixo e a incontinência urinária de esforço.

A bexiga instável se caracteriza por contrações espásticas, involuntárias, da musculatura da parede do órgão, que levam a uma necessidade urgente de urinar, mesmo durante o período noturno, e à incapacidade de retenção da urina diante dessa urgência. Existe ainda a sensação de esvaziamento incompleto da bexiga após a micção. Isso se deve ao fato de sempre restar uma pequena quantidade de urina dentro da bexiga (urina de resíduo), que facilita o aparecimento de desconforto e a instalação de infecções urinárias que irão causar febre, calafrios e espasmos vesicais (tenesmo).

As infecções urinárias e as cistites são muito mais comuns após a menopausa do que antes. Entretanto, a incontinência é o problema mais freqüente, e pode acarretar um desconforto maior. Os sintomas variam, desde uma necessidade urgente de urinar até a sensação de que se está urinando continuadamente. Com freqüência a perda urinária ocorre em conseqüência de "esforço", pressão muscular súbita na bexiga produzida durante riso, espirros e exercícios físicos.

A menopausa, devido à queda hormonal, é uma causa importante do enfraquecimento de toda a musculatura que mantém a bexiga fechada por um conjunto de músculos que formam os esfíncteres. Estes músculos mantêm a pressão no orifício de saída para impedir a perda da urina e ao se relaxarem proporcionam o esvaziamento da bexiga. Quando os ovários diminuem a sua produção de estrogênios, os tecidos do trato urinário são afetados, e a musculatura se torna mais frágil. Naturalmente a deficiência estrogênica não é a única causa desse processo. O envelhecimento por si só também pode levar os músculos de qualquer parte do corpo a se tornarem mais frágeis. A terapia de reposição hormonal auxilia em muito no retardo e prevenção dessa flacidez.

A associação de exercícios físicos para fortalecimento dos músculos do abdome com a estrogenioterapia é o tratamento de eleição como medida preventiva. Apenas uma em cada 20 mulheres com incontinência urinária procura o médico, e por isso só um pequeno número é beneficiado pelos tratamentos disponíveis. Vários exames como a cistoscopia, a citologia do sedimento urinário e a cultura da urina auxiliam para um diagnóstico preciso.

Resumo

— Pelo menos uma em cada dez mulheres apresentará incontinência urinária de algum grau após a menopausa.

— As principais causas da incontinência urinária são as deficiências de estrogênio e a flacidez muscular, devido ao envelhecimento.

— A incontinência “por esforço” é muito comum.

— As infecções do trato urinário, como as cistites, também são freqüentes.

— A terapia de reposição hormonal é o tratamento preventivo de escolha.

Tratamento e Prevenção

A atrofia da mucosa urogenital é um fator determinante para a escolha da terapia de reposição hormonal.

O estriol (hormônio feminino), tomado por via oral ou aplicado topicamente na forma de cremes vaginais, alivia a urgência urinária, a vontade de urinar várias vezes seguidas, a necessidade de micção durante a noite, a dor e o desconforto do ato. Ocorre ainda uma melhora da incontinência urinária, pois o uso de estrogênio determina um aumento do fluxo sanguíneo na uretra e bexiga, melhorando a elasticidade muscular.

O hormônio também restabelece o predomínio dos lactobacilos (defesa do nosso organismo) e diminui a incidência de infecções urinárias. A falta de hormônio causará um descontrole no meio de defesa natural da vagina, promovendo o crescimento de bactérias. Essa infecção vaginal facilitará a contaminação do trato urinário baixo, devido à proximidade do orifício uretral e da entrada da vagina.

As mulheres que foram submetidas à retirada do útero (histerectomia) têm maior tendência à "queda da bexiga", pois perdem o suporte vesical. Devem portanto iniciar mais precocemente os exercícios físicos e a reposição hormonal.

Tratamento Cirúrgico

Infelizmente a perda involuntária de urina, relacionada com a menor qualidade do tecido de sustentação, pode não melhorar de forma significativa com a reposição hormonal. Em alguns casos há necessidade de se recorrer a um tratamento cirúrgico. A correção cirúrgica pode ser feita por via vaginal, abdominal ou combinada. Esse tratamento tem como objetivo a elevação da bexiga, colocando-a atrás do osso do púbis, numa posição elevada dentro do abdome.

As perdas urinárias que se instalaram durante a gravidez ou após um parto normal já deverão ter sido corrigidas até essa fase da vida da mulher. Caso contrário, apenas a correção cirúrgica irá restituir a anatomia e o bom funcionamento da musculatura da bexiga. As mulheres que chegam no período perimenopausa com perdas urinárias, mesmo após terem sido submetidas a uma colpoperineoplastia (cirurgia de períneo), terão um grande benefício na sua sintomatologia com a reposição hormonal. Entretanto, existem outros medicamentos, que não os hormônios, capazes de auxiliar no tratamento da incontinência urinária. São drogas que diminuem a hiperatividade do músculo responsável pela micção e aumentam o tônus do esfíncter que fecha a uretra.

Não há necessidade de um tratamento hormonal específico para o aparelho urinário. A reposição prescrita pelo médico, para toda a sintomatologia da menopausa, causará os benefícios descritos da estrogenioterapia. Estão também indicados para a atrofia do trato urogenital os cremes vaginais à base de hormônios, com administração diária durante três a quatro semanas, e a seguir duas aplicações semanais como tratamento de manutenção.

Sanado esse problema, a mulher poderá retornar à sua vida social. Muitas evitam até sair de casa. Livres do desconforto da urgência urinária, terão uma vida descontraída e saudável, até mesmo para a realização de seus exercícios físicos e de sua vida sexual.

10. Doenças Cardiovasculares e Climatério

Doença cardiovascular é um termo genérico, compreendendo diversas anomalias que são as maiores responsáveis pelas mortes que ocorrem atualmente no mundo ocidental. As duas principais doenças são a doença cerebrovascular e a doença coronariana.

Nos Estados Unidos, a doença cardiovascular é a principal causa de mortalidade entre as mulheres acima de 50 anos. Considera-se essa cardiopatia a maior desgraça que aflige a população das nações industrializadas.

Antes da menopausa, as mulheres têm doença cardiovascular numa proporção de três para nove, quando comparadas aos homens da mesma faixa etária; aos 70 anos, a incidência se iguala à dos homens, mas a mulher morre mais que os homens devido a essa cardiopatia.

A proteção da mulher no período pré-menopausa é conferida pelos níveis adequados de estrogênios. A doença coronariana influencia sensivelmente a saúde das mulheres pós-menopausadas. Cerca de um terço das mulheres entre 50 a 75 anos é afetado, e um sexto delas morre em decorrência da mesma.

As mulheres que têm uma menopausa natural apresentam pequenos riscos para as doenças cardiovasculares durante o período de pós-menopausa imediato. Entretanto, esse risco aumenta se a menopausa foi precoce ou cirúrgica, pela extirpação dos ovários.

Existem outros fatores de risco que contribuem para o aparecimento das doenças cardiovasculares. Entre eles encontramos a elevação dos lipídios no sangue, a hipertensão arterial, o diabetes, a obesidade, o tabagismo, o sedentarismo e os antecedentes familiares.

Não existem dúvidas de que, após a menopausa, a queda dos estrogênios promove importantes alterações sobre as lipoproteínas. Agora que as mulheres atingem pelo menos 80 anos de idade, há um período de 30 anos para que os efeitos da queda dos estrogênios se tornem prejudiciais.

O tratamento de reposição hormonal reduz em 40 a 50% a incidência da doença cardíaca coronariana, e em 30 a 50% a incidência do acidente vascular cerebral. Mesmo nas mulheres que já têm a doença coronariana estabelecida há um aumento da sobrevida em mais de 10 anos, quando submetidas ao tratamento de reposição hormonal. Sabe-se que a reposição de estrogênio no climatério pós-menopausa é cardioprotetora, promovendo a redução da mortalidade em 50 a 70 por cento.

O Mecanismo Protetor do Estrogênio

Os estrogênios afetam o sistema cardiovascular através de efeitos arteriais diretos e atuando nos fatores de risco do metabolismo, influenciando no perfil dos lipídios (gorduras) que circulam no aparelho cardiovascular.

Os estrogênios apresentam uma ação protetora dos vasos (direta), diminuindo o desenvolvimento da aterosclerose. O endotélio (revestimento interno dos vasos sanguíneos) apresenta receptores específicos para os estrogênios, o que reforça a ação antiaterosclerótica direta. Essa ação local dos estrogênios também contribui para a diminuição da agregação das plaquetas, protegendo contra os riscos de acidente vascular cerebral. Outro efeito benéfico direto se faz sobre a musculatura cardíaca, preservando o tônus muscular, principalmente contra a flacidez nos músculos do coração que normalmente ocorre com o envelhecimento.

Perfil Lipídico

As mulheres possuem perfil lipídico mais favorável que o dos homens, ou seja, níveis de colesterol-HDL mais elevados e de colesterol-LDL mais baixo. O colesterol-HDL é o encarregado da proteção do epitélio que reveste o aparelho cardiovascular, enquanto o colesterol-LDL favorece a aterosclerose.

Sabe-se que a ação estrogênica cardioprotetora, ou seja, sobre as lipoproteínas, é intensa com o uso estrogênico. A questão que se apresenta é se a adição da progesterona no tratamento hormonal para prevenir o câncer do endométrio poderia inibir a ação cardioprotetora do estrogênio sobre as lipoproteínas (colesterol total, HDL-colesterol, LDL-colesterol e triglicerídios). Recentemente demonstrou-se que a associação da progesterona ao estrogênio não modifica os aspectos favoráveis do tratamento estrogênico e ainda propicia níveis de triglicerídios mais baixos. Entretanto, a cautela no uso dos progestogênios é sempre bem-vinda, e as doses devem ser baixas e por um período de 10 a 12 dias. Nesse esquema, a progesterona protege o endométrio e não altera o perfil lipídico. Além disso, é dispensável o seu uso nas pacientes histerectomizadas.

Pressão Arterial

O tratamento estrogênico nas mulheres pós-menopáusicas pode modificar os níveis da pressão arterial, e em muitos casos até reduz os índices pressóricos.

Outro fator importante é o benefício do estrogênio sobre as alterações psíquicas do climatério, diminuindo as tensões, insônias, depressão e o estresse, fatores que desencadeiam a hipertensão arterial.

BENEFÍCIOS DA TERAPIA DE REPOSIÇÃO HORMONAL

— Alteração do metabolismo lipídico, diminuindo o colesterol prejudicial (LDL) e aumentando o colesterol protetor (HDL).

— Inibição da deposição do colesterol prejudicial (LDL) na parede dos vasos sanguíneos.

— Diminuição da formação das placas de aterosclerose.

— Diminuição da agregação das plaquetas (responsáveis pela coagulação do sangue).

— Aumento do fluxo sanguíneo, por dilatação das artérias.

TRATAMENTO

Para melhorar a qualidade de vida nessa fase, aumentando-se a sobrevida, a medida mais aconselhada é a administração de estrogênios por um período de cinco a 10 anos.

Entretanto, a proteção dada pelo estrogênio contra a doença cardíaca coronariana não é total (absoluta) porque, em média, 25 por cento das mortes por infarto do miocárdio em mulheres ocorrem abaixo dos 45 anos, isto é, numa faixa etária em que elas ainda têm um nível estrogênico adequado para a proteção cardíaca.

CONCLUSÕES

Deduz-se do exposto que mulheres que ultrapassam os 50 anos de idade apresentam risco elevado de desenvolver a doença arterial coronariana. A reposição hormonal surge como uma importante arma da medicina preventiva, pois pode reduzir a mortalidade na pós-menopausa. Entretanto, esse tratamento hormonal deverá ser feito com acompanhamento médico, a quem também cabe analisar uma boa propedêutica mamária e uterina e o controle de outros fatores de risco.

Há evidências crescentes de que a reposição estrogênica na pós-menopausa apresenta um efeito protetor do sistema cardiovascular, levando a grandes benefícios para a mulher.

11. Pele, Cabelos e Cirurgia Plástica

Todos têm que aceitar as inúmeras mudanças físicas e psíquicas inevitáveis com o passar dos anos, mas essa aceitação não deve ser passiva. Olhos, pele, cabelos, dentes... tudo precisa de atenção especial para a mulher se manter saudável e atraente à medida que envelhece.

Todos idealizam a capacidade de andar, correr e malhar até os últimos anos de vida. Mas, para que isso possa ser realizado, deve-se dar ao corpo cuidados extras, uma boa alimentação e usar métodos de prevenção da saúde no dia-a-dia. Embora não se possa fazer nada para deter a marcha do tempo, pode-se cuidar para se sentir ótima em qualquer idade.

Pele

A idade de uma pessoa pode muitas vezes ser avaliada pela sua pele. A pele é o maior órgão do corpo humano, e o único completamente exposto ao meio ambiente. As alterações climáticas, a diminuição das secreções endócrinas e o estreitamento das pequenas artérias que ocorrem com o passar dos anos são os principais fatores do envelhecimento cutâneo.

A pele é constituída de várias camadas. A superficial é a epiderme, que está constantemente se descamando e se refazendo. A segunda camada, a derme, contém colágeno e fibras elásticas, responsáveis pela forma, flexibilidade e recuperação da pele. A terceira camada, a basal, é composta de um tecido gorduroso que dá à pele o seu aspecto liso.

As principais características do envelhecimento da pele podem ser evidenciadas nas três camadas, e à medida que a pele envelhece algumas mudanças ocorrem. As novas células não são produzidas com tanta agilidade, e a epiderme não consegue se refazer tão rapidamente. As fibras de sustentação da derme se rompem e perdem a elasticidade, deixando a pele enrugada e flácida. Diminui também o número de glândulas sebáceas e sudoríparas, e a pele perde em umidade e lubrificação. A camada de gordura abaixo da derme diminui, modificando o contorno do corpo e principalmente da face. Logo, a pele mais velha torna-se mais fina e seca, sofrendo danos mais facilmente e tendo uma cicatrização mais lenta.

A queda dos níveis estrogênicos no período do climatério acelera o processo de envelhecimento da pele. Entretanto, a queda hormonal é apenas um dos fatores que contribuem para o desgaste da mesma, juntamente com o fumo, bebidas alcoólicas, hereditariedade, exposição ao meio ambiente, nutrição e tipo de vida.

A pele seca e escamosa é quase sempre reversível com a terapia de reposição hormonal adequada. É evidente que os hormônios sexuais, principalmente os estrogênios, têm um papel importante na manutenção da qualidade da pele da mulher. Os estrogênios aumentam a produção de colágeno, alteram a vascularização da pele e se concentram na camada basal da mesma. Assim, a estrogenioterapia no início do climatério atua como preventivo das alterações da pele, pois existe pequena perda de colágeno. Após alguns anos da menopausa, o estrogênio age como tratamento e como profilaxia, pois a perda de colágeno é de 2,1 por cento ao ano.

Alguns cuidados devem ser tomados para retardar o aparecimento de rugas e manchas, diminuir a secura a aumentar o turgor da pele. A estrogenioterapia tem importante papel nesse

MASSAGEM PARA FORTALECER A MUSCULATURA FACIAL

------→ SENTIDO DA MASSAGEM

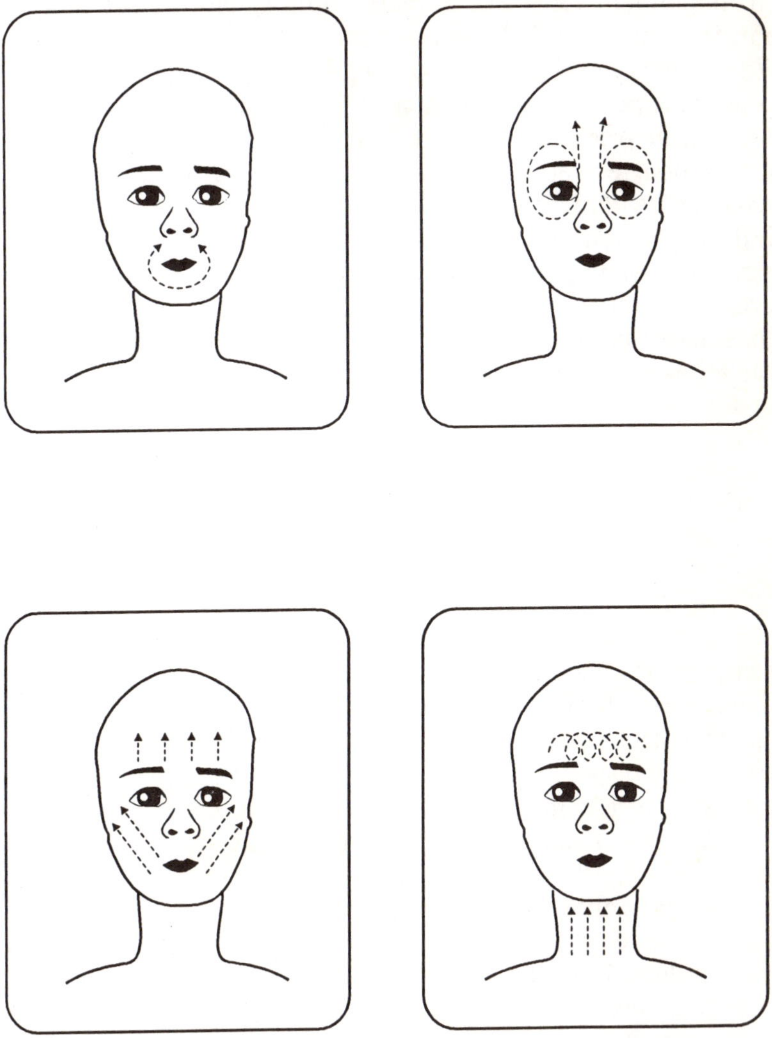

sentido, mas deverá ser feita de acordo com esquemas médicos prescritos para as pacientes climatéricas.

A alimentação deverá ser rica em proteínas e vitaminas, principalmente A e B6. A ingestão de água deve ser sempre muito bem controlada, num mínimo de dois litros por dia. Exercícios e massagens devem ser feitos a fim de fortalecer a musculatura, principalmente a da face. A limpeza da pele deve ser sempre orientada. Deve-se lavar o rosto de manhã e à noite com sabonetes neutros, e pelo menos uma vez ao dia devem-se usar loções tônicas à base de colágeno, elastina e cânfora. A hidratação com cremes à base de glicerina, sorbitol e lanolina deve ser usada pela manhã. À noite recomenda-se o uso de cremes nutritivos à base de proteínas animais e vegetais, e massagens para fortalecer a musculatura facial, que poderão ser feitas no sentido das linhas indicadas pelas figuras abaixo.

Pele Seca

Ao redor dos 40 anos, a maioria das mulheres percebe que sua pele está mais seca que o normal. Após a menopausa, com o declínio do funcionamento das glândulas sebáceas e sudoríparas, a secura da pele aumenta gradativamente. A pele seca não é responsável pela formação de rugas, mas as acentua e deixa a pele com um aspecto mais envelhecido.

Alguns cuidados são importantes para com a pele seca:

— Os banhos diários retiram a camada protetora da epiderme, e portanto eles não devem ser excessivos. O banho deverá ser feito rapidamente e deve-se usar esponjas o menos possível. A água deverá ser morna, pois a água muito quente dilata os poros e aumenta a perda da oleosidade. Após o banho, é aconselhável o uso de hidratante por todo o corpo.

— Os sabonetes ressecam demais a pele. A melhor escolha é a de um sabonete hidratante ou não-gorduroso. Algumas emulsões substituem muito bem os sabonetes, pois não irritam a pele. Aconselha-se ficar o mais longe possível dos sabonetes comuns.

— A pele seca geralmente torna-se pior no inverno. A temperatura baixa, o vento frio, o aquecimento artificial, associados com o baixo teor de umidade do ar, diminuem a capacidade da pele de reter umidade. Para se evitar o desgaste, devem-se usar cremes hidratantes nas partes expostas do corpo. Um umidificador de ambiente alivia as condições de ressecamento.

— Deve-se manter o hábito de usar luvas de borracha para proteger as mãos quando se fizer uso de detergentes e agentes químicos caseiros. As unhas também têm tendência a ficarem ressecadas e quebradiças com a idade, e crescem mais lentamente. As loções para as mãos conservam a elasticidade da pele e protegem as unhas.

— Os esmaltes e a acetona têm efeito ressecante para as unhas, e portanto não se deve trocar o esmalte com muita freqüência.

Deve-se adotar uma boa alimentação, bem balanceada e com muito líquido, rica em vitaminas A, B, D e E.

Cremes Hidratantes

Todos os hidratantes são uma mistura de três ingredientes básicos: óleo, cera e água. Quando espalhados na pele, impedem que a umidade do corpo se evapore. Os cremes são os hidratantes que contêm mais óleo do que água. Quanto mais óleo contiver o creme, mais espesso será e melhor protegerá a pele, retardando a perda da umidade. Geralmente preparados mais oleosos são aplicados à noite, e as loções mais leves, pela manhã.

Os hidratantes funcionam melhor quando aplicados sobre a pele umedecida, e convém molhar a pele antes com uma compressa, ou aplicá-los após o banho.

Os cremes anti-rugas à base de estrogênio, colágeno e outros ingredientes acarretam benefícios à pele devido a seu acentuado fator hidratante.

Manchas Senis

A pele pode apresentar manchas escuras que não desaparecem no inverno. Trata-se de um conjunto de células pigmentadas que aumentaram de tamanho e escureceram, como resultado de anos de exposição ao sol. Pode-se retardar o seu aparecimento evitando-se os excessos e usando filtros solares.

Essas manchas podem ser clareadas com tratamento dermatológico especializado, mas o mais simples é uma boa maquiagem, cobrindo-as com cosméticos.

Verrugas Benignas

Existem alterações da pele que aparecem na meia-idade, como zonas enrugadas e escurecidas. São apenas dobras, excessos de pele, e podem ser removidas cirurgicamente. Em algumas regiões, elas podem adquirir a cor vermelho-viva, pois são causadas por um conjunto de vasos sanguíneos dilatados sob a pele.

Protuberâncias duras como verrugas têm a tendência de aparecer no rosto, pescoço, braços, costas e mãos, locais mais expostos ao sol. É importante diferenciar essas elevações, que na maioria das vezes são benignas, de um possível diagnóstico mais grave. A visita ao dermatologista é sempre aconselhável.

Cosmiatria ou Dermatologia Cosmiátrica

Também chamada de medicina estética, passa a ganhar dimensão de verdadeira subespecialidade médica. Engloba basicamente todos os meios e procedimentos que de algum modo são utilizados para a restauração e a manutenção da saúde da pele. Não se trata de um setor da medicina voltado para o diagnóstico e o tratamento das doenças da pele, e sim para adotar medidas corretivas após se detectar a natureza das alterações cutâneas. Portanto, cuida da saúde e da expressão estética da pele.

Entretanto, deve-se ter cautela, pois a experiência demonstra que o mesmo processo terapêutico capaz de oferecer respostas altamente gratificantes pode resultar em lesões graves ou até mesmo irreparáveis, quando empregado de forma inadequada. Sabe-se que a utilização do tratamento cosmiátrico amplia os resultados das correções cirúrgicas.

Os avanços tecnológicos permitiram a introdução de equipamentos altamente eficazes na resolução de muitos problemas cutâneos:

1. Fotoderme — Assegura a obtenção de resultados definitivos na eliminação de microvarizes, hemangiomas e telangiectasias (minúsculos vasos à flor da pele), sem alterar a superfície cutânea, ou seja, elimina a alteração vascular sem deixar qualquer cicatriz.

2. Laser de rubi — Representa um avanço significativo na remoção completa de tatuagens, lesões pigmentadas e outras alterações cutâneas. Já estão sendo substituídos pelo laser CO_2 Ultra-pulse e pelo Flash Pup Dye.

3. *Peeling* — Será descrito como descamação da pele na seção sobre cirurgias plásticas, neste capítulo, pois pode servir de complemento a elas.

Pêlos

Após a menopausa a mulher apresenta um maior crescimento de pêlos no rosto e por todo o corpo. Com a queda do nível dos hormônios femininos, os hormônios masculinos não serão mais "anulados". Esse aumento se concentra mais no queixo, acima do lábio superior, ao redor dos mamilos e abaixo do umbigo. Entretanto, o padrão de maior crescimento dos pêlos também obedece a uma influência genética. As asiáticas têm menor quantidade de pêlos, enquanto as do sul da Europa, Oriente Médio e países latinos têm maior tendência à hiperpilificação.

Esteticamente, isso se torna um fator desagradável, uma vez que o padrão normal de beleza não aceita o aparecimento desses pêlos. A estrogenioterapia diminui o aparecimento dos pêlos mas não impede o renascimento daqueles já existentes.

Existem diversos métodos eficientes para a eliminação dos pêlos indesejáveis:

- **Raspagem:** é um método fácil e recomendado para as pernas, axilas e virilha. Tem o inconveniente de que os pêlos crescem muito rápido. Contrariamente à crença popular, cortar os pêlos não os faz crescer mais escuros e grossos.
- **Depiladores:** são substâncias químicas que, ao dissolver os pêlos, facilitam a sua retirada. O efeito desse método dura em média de sete a 10 dias, e, como o pêlo é extraído abaixo da superfície da pele, os novos pêlos crescerão menos rígidos.

Os depiladores não podem ser usados em determinadas áreas delicadas como seio e no alto da parte interna das coxas. Podem ser utilizados nas pernas, axilas, virilha e acima ou abaixo do lábio superior.
Algumas peles se irritam quando submetidas aos depiladores; portanto, antes de utilizá-los, convém fazer o teste numa área restrita do corpo.

- **Arrancamento:** é um método muito bom para os pêlos ralos do rosto e ao redor das mamas, mas torna-se muito doloroso em áreas maiores. Como os pêlos vão ser arrancados pela raiz, demora várias semanas para nascer um novo pêlo no local.
Para diminuir a dor, antes do arrancamento deve-se passar repetidamente uma pedra de gelo no local.

- **Depilação com cera:** aplica-se uma camada de cera líquida na área a ser depilada. Espera-se que a cera solidifique e arranca-se essa camada juntamente com os pêlos. Esse processo também arranca os pêlos pela raiz, e o efeito dura várias semanas.
A cera deve ser usada em áreas de maior extensão, como pernas e braços, e que não sejam tão sensíveis. Um inconveniente é que a aplicação só deve ser feita quando os pêlos estiverem grandes, para poderem ser arrancados.

- **Eletrólise:** é um método permanente, pois destrói a raiz do pêlo. Isto é obtido introduzindo-se uma agulha fina no poro, na raiz do pêlo, e passando por essa agulha uma fraca corrente elétrica. É um processo lento, desconfortável e tedioso, pois cada pêlo deverá ser destruído individualmente. Pode ser usada em qualquer área do corpo, mas é mais empregada no queixo e acima do lábio superior. Usando-se de sessões semanais para a remoção dos pêlos, o tratamento pode durar meses ou até anos.
Existe o inconveniente de que pêlos totalmente novos podem nascer no mesmo lugar, e cerca de 50 por cento

das raízes, não sendo completamente destruídas, se regeneram.

- **Descolorantes**: servem para disfarçar os pêlos escuros, principalmente no lábio superior, rosto e corpo. São usados descolorantes químicos que podem causar irritação na pele, e portanto devem ser testados em uma pequena área.

Cabelos

Os cabelos, nos anos pós-menopausa, se tornam mais secos, pois as glândulas sebáceas existentes na raiz de cada fio de cabelo não produzem mais a lubrificação suficiente. Além do mais, fatores como exposição ao sol, uso de secadores, tinturas, permanentes e alisamentos agravam mais ainda o problema. As células produtoras do pigmento, localizadas na base da raiz do cabelo, diminuem, e até cessam a produção do mesmo, e há uma mudança na cor do cabelo, até que se tornem grisalhos e mais rígidos.

Esse processo também é comandado pela hereditariedade; entretanto, doenças e má nutrição aceleram o embranquecimento.

A queda do cabelo também é comum com o aumento da idade, mas raramente a mulher ficará de todo calva. Essa proteção está ligada aos hormônios femininos, assim como a calvície no homem está associada aos hormônios masculinos.

A mulher na meia-idade deve proteger seus cabelos secos do sol, do vento e dos climas muito frios com um lenço, chapéu ou gorro. Deve-se escolher um xampu leve, específico para cabelo seco, e não se deve lavar a cabeça muito freqüentemente para minimizar a perda dos óleos naturais do couro cabeludo. Após o xampu, convém usar de rotina um creme condicionador.

Recomenda-se trocar o xampu e o condicionador após poucas semanas de uso para se conseguir melhores resultados. Os secadores não devem ser utilizados em excesso, pois retiram a oleosidade dos cabelos.

Os fatores que levam à queda de cabelos no climatério ainda não estão bem esclarecidos. Estudos alegam que na menopausa há um aumento relativo dos hormônios masculinos, em virtude da queda do hormônio feminino.

Os dermatologistas consideram que a maior causa de consultas da mulher nessa faixa etária é a queda de cabelos. A influência do tratamento com estrogênio e progesterona na melhora da queda dos cabelos é ainda um assunto discutível. Entretanto, fatores como uma boa alimentação e proteção dos riscos climáticos podem auxiliar muito e retardar a queda dos mesmos.

Cirurgia Plástica

A mulher nessa faixa etária não deve se furtar a condições que venham auxiliá-la na auto-estima, tão necessária nessa fase da vida. Quando o espelho mostra o que não se quer enxergar, além dos exercícios, boa alimentação e tratamentos especializados, a cirurgia plástica é sem dúvida uma opção aconselhável. As plásticas da face, pálpebras, mamas e abdome são as mais comumente procuradas pela mulher.

Cirurgia Plástica Facial

Os tipos mais comuns de cirurgia facial para a retirada das rugas e pele envelhecida são as que se seguem:

1. Ritidoplastia — (***Liftings***) — Elimina as dobras flácidas e faz a pele parecer mais elástica, pois, através de uma incisão ao longo do couro cabeludo, na frente e atrás das orelhas, estica-se a pele e retira-se o excesso. Quando bem-sucedida, faz com que a pessoa pareça de cinco até 10 anos mais jovem. Entretanto, essa cirurgia não resolve totalmente as rugas em torno dos olhos, testa e supercílio, e portanto deve ser associada a outros métodos.

A duração dos efeitos depende da capacidade individual de envelhecimento, do tempo de exposição ao sol e do excesso de fumo e álcool.

O envelhecimento facial resulta da diminuição da espessura e da elasticidade da pele. Clinicamente, observa-se a presença de rítides (rugas, pregas) ao redor dos olhos, da boca e na fronte. O sulco nasal se torna pronunciado, enquanto o contorno do queixo fica maldefinido, pois há o aparecimento de uma "papada".

A cirurgia deverá corrigir essas alterações cuidadosamente identificadas no pré-operatório. O tratamento das rugas da testa é realizado por uma incisão (corte) paralela à linha de implantação do cabelo. O retalho de pele é descolado da testa e tracionado, e o excesso de pele é retirado.

Estende-se a incisão passando anteriormente pela raiz da orelha, contornando o lóbulo e seguindo até a região atrás da mesma. O retalho é descolado até o sulco nasal, e, ao ser esticado, retira-se o excesso de pele. São dados pontos de pregueamento e sustentação muscular.

Essa cirurgia geralmente é complementada pela blefaroplastia (plástica das pálpebras).

2. Blefaroplastia — Com o envelhecimento, as pálpebras perdem a elasticidade e ficam caídas, em forma de bolsas de gordura, acumuladas ao redor dos olhos. A cirurgia elimina esse excesso de pele e de gordura. O resultado dessa cirurgia é mais duradouro, pois nesse método a pele não é tão esticada como no levantamento facial.

A região dos olhos é o local mais importante de expressão das emoções humanas, muito significativas na comunicação interpessoal.

Durante a cirurgia palpebral, a abordagem deverá ser seletiva para a correção das estruturas: pele, músculo orbicular, septo orbitário e bolsas gordurosas. É importante a avaliação prévia cuidadosa no sentido de se observar a presença de assimetrias.

3. Descamação da pele — *peeling* — Os *peelings* são feitos nas rugas ao redor da boca, testa e olhos. Utilizam-se agentes cáusticos que causam uma queimadura química de segundo grau que destrói a epiderme e a derme para que uma nova pele se forme nessa área. Após esse método, deve-se evitar o sol para que não haja mudança de coloração na região.

O prazo de validade depende da capacidade de envelhecimento de cada pessoa, pois novas rugas se formarão na nova pele.

4. Abrasão dérmica — As áreas enrugadas são retiradas por abrasão com uma escova de arame de alta rotação. As escaras resultantes levam em média de 10 a 15 dias para cicatrizarem. Também nesse método há necessidade de proteção contra o sol.

Mamoplastia

A mama é sem dúvida a característica de mais feminilidade da mulher. Alterações mamárias com relação à forma e ao tamanho determinam distorções acentuadas da imagem corporal.

As técnicas de cirurgia plástica das mamas podem ser agrupadas em:

1. Mamoplastia de aumento — de todas as técnicas, a mais difundida é a utilização de implantes mamários de silicone gel. Essas próteses são encontradas em tamanhos e formas variados. Sabe-se que elas não acarretam o desenvolvimento de câncer mamário, mas, passados em média de 10 a 15 anos, recomenda-se a troca em virtude do desgaste que o organismo provoca na prótese. Este desgaste poderia acarretar o aparecimento de doenças auto-imunes.

2. Mamoplastia redutora — Nesses casos há um excesso de tecido mamário e de pele. Descola-se a glândula mamária do músculo peitoral e a pele do tecido mamário, e se faz a retirada do excesso de ambos. É também indicada quando há comprometimento da coluna cervical e dorsal pelo excesso de peso das mamas.

3. Mastopexia — Nesse caso não há retirada de tecido mamário e de pele. Faz-se apenas uma fixação do tecido mamário redefinindo a estruturação da mama, que será colocada em posição elevada, fixando-a na musculatura peitoral.

ABDOMINOPLASTIAS

As gestações, a obesidade exagerada e a falta de exercícios podem levar a um aumento do abdome e a alterações na anatomia dos músculos da parede abdominal.

Nas mulheres climatéricas, a técnica de correção abdominal mais utilizada é a clássica. Faz-se uma incisão transversal no baixo-ventre, na altura do púbis. Descola-se a gordura do tecido subcutâneo e a pele até a altura das costelas. A musculatura da parede abdominal deverá ser pregueada. Traciona-se toda a pele e gorduras descoladas para baixo, de maneira que a pele que estava à altura do umbigo venha a encontrar a borda inferior da incisão feita inicialmente. Retira-se o excesso de pele e de gordura.

Essas cirurgias devem ser associadas à lipoaspiração para complementação da plástica dos culotes e dos flancos.

Lipoaspiração — Lipoescultura

É um procedimento cirúrgico utilizado para o contorno corporal, podendo ser realizado em várias regiões do corpo humano como: abdome, joelho, distrofia da coxa, culote, flanco e gordura pré-axilar. Na face, melhora o submento (região de acúmulo de gordura abaixo do queixo).

Baseadas em métodos e técnicas cientificamente comprovados, as cirurgias plásticas surgem como um meio capaz de atenuar as evidências externas do processo de envelhecimento.

A decisão de se submeter a uma cirurgia plástica é extremamente pessoal, pois, como em todas as cirurgias, também existem os possíveis riscos e complicações. A maioria entretanto considera que a ajuda psicológica, ao se sentirem mais jovens e bonitas, vale por todo o sacrifício e as despesas. Entretanto, não se deve ter expectativas irreais quanto à cirurgia plástica, pois ela não consegue resolver os problemas sociais ou da esfera psíquica de cada um.

A mulher, mesmo após o rejuvenescimento com a cirurgia, não deverá deixar de enfrentar o fato de que continua envelhecendo. Esse convívio constante com a realidade fará com que ela encare essa fase de vida com maturidade e possa envelhecer tranqüilamente.

12. Sexo e Climatério

"A sexualidade está presente em toda vida humana."
"A idade não dessexualiza o indivíduo, mas a sociedade o faz."

Faz parte de nossa cultura o conceito de que o envelhecimento traduz a incapacidade para a vida sexual ativa. Pior ainda, alguns conceitos rotulam a vida sexual após os 50 anos como "vergonhosa". Para muitos, sexo depois de uma certa idade passa a ser ridículo e até pecaminoso.

Sexualidade não é apenas o sexo em si, pois existe toda uma afetividade envolvendo o ato sexual. Para a mulher, de uma maneira geral, o clima que envolve uma relação sexual é muito mais importante do que o fato de ser penetrada.

Logo, se no climatério perdemos em quantidade, ganhamos em qualidade, pois nossos conceitos são mais amplos e sabemos avaliar o que realmente conta. O que talvez para a maioria pudesse ser rotulado de muito pouco ao nosso entendimento terá um valor extraordinário, numa nova dimensão. Isso explica o fato de que muitas mulheres referem que suas vidas sexuais melhoraram intensamente após a menopausa.

Convém lembrarmos que a idade não dessexualiza o indivíduo. Se uma mulher tiver tido uma vida sexual sadia desde o início, dará continuidade a ela após o climatério. Em todas as faixas etárias encontramos mulheres que não têm aptidão para o sexo, ou até mesmo portadoras de disfunções sexuais. Entretanto, apenas no climatério esses fatos são muito valorizados, devido ao tabu e aos preconceitos que predominam em relação a esse período.

As pesquisas demonstram que uma entre três mulheres apresenta problemas sexuais após a menopausa. Várias são as disfunções que acometem a mulher nessa fase, mas elas não devem preocupá-la indevidamente, pois essas dificuldades não são permanentes. As relações sexuais podem ser tão prazerosas após a menopausa quanto antes dela.

Até recentemente, as mudanças na vida sexual durante o climatério eram consideradas inevitáveis, visto que muitas mulheres aceitavam ser a menopausa um ponto crítico em suas vidas. Hoje, quando as mulheres menopausadas têm ainda pela frente talvez um terço de sua existência, esses problemas podem ser considerados coisa do passado, e as relações e o prazer sexual podem ser cultivados com o mesmo vigor de antes.

A menopausa marca o término da vida reprodutiva da mulher, mas não causa qualquer alteração drástica na sua vida sexual. Quanta experiência de vida tem uma mulher aos 40 anos! Durante todo esse tempo, experimentou emoções com amores, separações, cumplicidade e realizações. Nessa vivência diária, a mulher adquiriu confiança nos seus valores, lutou por melhores posições e pela preservação da auto-estima. Entretanto, algumas delas encaram a menopausa como o oposto da primeira menstruação (menarca), e se àquela época "ficaram mocinhas", agora sentem-se velhas ao enfrentar essa nova fase da vida.

É extremamente desaconselhável que nesse período a mulher se esqueça de si e passe a viver em função dos filhos e netos. Logicamente, convivendo diariamente com o parceiro ao longo dos anos, com o declínio hormonal o desejo sexual pode diminuir, mas cabe à mulher, apenas, a responsabilidade de reverter esse quadro.

Não deixe que problemas físicos como aumento de peso, celulite e rugas interfiram na sua sexualidade e façam com que você vá buscar conforto numa "velhice" inexistente. O sexo deveria melhorar após a menopausa, pois não há mais a preocupação com a gravidez e o desconforto do controle da natalidade. Ele é uma parte importante e agradável da vida da mulher, e deverá continuar assim durante todo o climatério.

As mulheres que nunca tiveram uma vida sexual satisfatória poderão talvez, com as reposições hormonais, atingir um patamar de prazer sexual nunca antes alcançado. Embora os níveis de estrógenos caiam na menopausa, os ovários e glândulas supra-renais continuam a produzir andrógenos (hormônios masculinos) extremamente importantes no prazer sexual (libido).

Do ponto de vista físico, a capacidade de prazer sexual aumenta com a idade. Quanto mais experiência sexual uma mulher tiver, maior e mais complexa será a rede de veias na área genital, principalmente após ter tido filhos. Essa hipervascularização é um fator positivo durante o ato sexual e o orgasmo. Não podemos nos esquecer de que a mulher amadurecida, com mais experiência prática, terá menor inibição e estará mais capacitada para satisfazer a si e ao seu parceiro. Afastado o problema com a criação dos filhos, finalmente têm tempo e privacidade para poder amar tranqüilamente. Muitas comparam essa fase a uma "segunda lua-de-mel".

À medida que a mulher envelhece, muitos vazios são criados em sua vida. Sua função de mãe diminui, os amigos envelhecem ao seu lado ou até morrem, pode perder o seu cônjuge (três em cada quatro mulheres ficam viúvas) ou até ter caminhado para uma separação e de repente encontrar-se em um mundo de programas feitos para solteiras. As que não se casaram carregam consigo, na maioria das vezes, a frustração de uma vida vazia, pois nossa cultura prepara a mulher para o casamento, e a não-realização do mesmo confere à mulher a pecha de falibilidade e incompetência. No campo profissional, a aposentadoria muitas vezes representa um rótulo de velhice e incapacidade física para continuar a exercer sua função laborativa.

Com todas essas mudanças, a necessidade de uma intimidade física torna-se mais intensa em vez de diminuir, e ocorre muitas vezes de os casais se aproximarem mais nesse período, e de terem plenitude sexual durante toda a vida.

Determinados mitos da nossa cultura tendem a ver nossos idosos como sexualmente neutros. Sexo parece ser impróprio e até ridículo entre pessoas de meia-idade e as mais velhas. Felizmente, de algum tempo para cá, houve uma crescente mudança cultural nesse sentido, valorizando o sexo também nessa etapa da vida.

O climatério deve ser encarado como um período em que ocorrem várias alterações do funcionamento do corpo humano, no psiquismo feminino e no relacionamento da mulher climatérica com todo o meio ambiente. Os aspectos psíquicos advindos da influência do envelhecimento são no mínimo tão importantes quanto as alterações que ocorreram nos níveis hormonais.

As causas dos distúrbios sexuais são muito complexas, e vários aspectos influenciados são por fatores biológicos (da constituição do indivíduo), psicológicos, interpessoais (má adaptação sexual entre os parceiros) e sócio-culturais, isto é, tudo aquilo que o meio cultural em que vivemos fantasia a respeito da vida sexual. Logo, a idade não deve ser apresentada como um fator central dos problemas sexuais.

Devemos associar a esses fatores as alterações que ocorrem com os hormônios durante o climatério. Entretanto, muitas mulheres com queixas sexuais nesse período demonstram que sua vida sexual nunca foi perfeita, mesmo antes dessa fase. O organismo se modifica com o avançar dos anos e a sexualidade se transforma, mas não se torna menos agradável.

Fatores que Intervêm na Sexualidade Durante o Climatério

1. **Alterações hormonais** — devido à deficiência do estrógeno, a vagina fica ressequida e sem elasticidade, tornando o ato sexual desagradável e muitas vezes até doloroso.

Essas alterações hormonais também influenciam diretamente na labilidade do humor, com tendência à depressão, dificultando a vida sexual e até mesmo impedindo-a. Outros sintomas como irritação, intolerância, indisposição, todos advindos da carência estrogênica, dificultam o relacionamento entre os parceiros, criando obstáculos para uma vida sexual normal. Os cremes ginecológicos à base de hormônios corrigem as queixas vaginais, e a terapia hormonal sistêmica (que circula na corrente sanguínea) abrandará os demais sintomas.

2. Idade psicológica — A idade cronológica (contada em anos) nem sempre corresponde à idade biológica, isto é, nossa aptidão e disposição para a vida sexual. Envelhecimento é diferente de "ficar velho". Podemos ficar velhos cronologicamente sem no entanto termos um envelhecimento correspondente àquela idade.

As mulheres que sempre tiveram uma vida ativa, que praticaram esportes, que se sentem jovens vão encarar a menopausa com tranqüilidade, pois a sua idade psíquica é menor que a cronológica. O inverso também é verdadeiro: a que sempre foi deprimida, que não cuidou do seu físico receberá a menopausa como um castigo, pelo seu sentimento de desvalia. Para fugir desse processo, terá que resgatar o amor-próprio, lutar contra o espelho e fazer uma reviravolta em seus conceitos.

3. Monotonia sexual — Ocorre muitas vezes entre o casal uma falta de interesse sexual mútuo, advinda de vários fatores. Muitas vezes o relacionamento afetivo não está bem, e sentimentos de raiva, desrespeito, desamor e agressividade irão dificultar a vida sexual de ambos. Se a convivência estiver razoável, mesmo assim haverá uma tendência à monotonia, pois a rotina desgasta a assiduidade do relacionamento sexual. Problemas econômicos na vida profissional, preocupação com filhos ou familiares também contribuem para esse desgaste. Alguns casais ainda conservam a tradicional luta pelo poder entre os dois parceiros, comum em idades mais jovens, o que leva à perda substancial da sexualidade entre eles.

4. Conceitos populares — A maioria das pessoas pensa que o sexo é descartável no climatério, que ele se presta apenas para a reprodução, e que deve ser praticado somente pelos jovens. Identificam a mulher menopausada com a figura materna, que sempre se nos apresenta como assexuada. Importante ressaltarmos que a idade não dessexualiza o indivíduo, mas a sociedade se encarrega de fazê-lo.

5. Problemas ginecológicos — A mulher que foi submetida a dois ou mais partos normais poderá ter ruptura de períneo, isto é, rompe-se a musculatura da região compreendida entre o intróito vaginal e o ânus. A colpoperineoplastia — correção cirúrgica dessa flacidez — fará com que as estruturas físicas voltem ao seu estado inicial. A sensação de secura da mucosa vaginal será amenizada com o uso de cremes à base de estrógenos. A ruptura perineal quase sempre vem acompanhada de queda vesical (da bexiga), e propicia perdas urinárias aos pequenos e médios esforços. Essas alterações urinárias são corrigidas na cirurgia do períneo; entretanto, discretas perdas urinárias podem ser resolvidas com tratamento hormonal, dispensando-se a correção cirúrgica.

Hormônios e Sexualidade Feminina

Sabe-se que os estrogênios têm um papel de extrema importância na sexualidade feminina, em vários aspectos, e que a progesterona está mais ligada ao sexo reprodutivo. A maior controvérsia se refere ao papel da testosterona (andrógeno — hormônio masculino). Os homens possuem hormônios masculinos e femininos; as mulheres, hormônios femininos e masculinos. Logo, a diferença entre os sexos não está na qualidade hormonal, e sim na quantidade desses hormônios em cada um deles.

Para a manutenção da libido (desejo sexual) e para a capacidade de se chegar ao orgasmo, são imprescindíveis níveis normais de testosterona. Entretanto, a grande maioria das mulheres com queixas de disfunção sexual apresenta níveis de testosterona normais, o que reafirma que as disfunções apresentam na maioria das vezes um componente psíquico. No climatério e pós-menopausa, a sexualidade tende a diminuir devido a um fato bastante curioso. Com a depressão estrogênica do organismo, a testosterona, que sempre teve uma função ligada à sexualidade, passa agora a exercer um papel de suma importância: no tecido gorduroso grosso (região onde a gordura se espessa mais) da nádega, culote e barriga, a testosterona será metabolizada em estrona, uma substância que atua similarmente ao estrógeno, aliviando as queixas clínicas da mulher no climatério. Isto explica o fato de que no passado, quando se ministravam injeções com altas doses de testosterona, havia uma substancial melhora dos sintomas. Entretanto, com o tempo, a mulher apresentava uma virilização (aparecimento de pêlos no corpo), o que explica o tabu, existente ainda em nossos dias, de que tratamento hormonal na menopausa "faz crescer cabelos por todo o corpo". Disso concluímos que é extremamente perigosa a automedicação com a testosterona, podendo resultar do seu uso indiscriminado o hirsutismo (pêlos na face), alterações da voz (grave ou masculina), queda dos cabelos e outros sinais de virilização.

Nas mulheres menopausadas, o tratamento de reposição hormonal é extremamente útil quando ocorrem as disfunções sexuais. O tratamento alivia toda a sintomatologia psíquica, aprimorando a qualidade de vida da mulher menopausada. Livre do desconforto proveniente da falta estrogênica, que leva a mulher à irritabilidade, intolerância e depressão psíquica, ela poderá enfrentar a sua vida sexual com maior tranqüilidade. Com a terapêutica hormonal, há um aumento das endorfinas cerebrais, substâncias que atuam diretamente no psiquismo feminino. São substâncias que possuem efeitos benéficos constatados no relaxamento, bem-estar, equilíbrio metabólico e prazer sexual. As endorfinas também são produzidas através de atividades físicas esportivas, o que explica a sensação de prazer e relaxamento produzida pelo exercício balanceado.

Há mulheres que se queixam de menor interesse sexual devido ao desconforto do coito doloroso, e apenas o uso local de estrógenos pode resolver o problema. Todavia, em mulheres que apresentam uma real diminuição da libido, algo mais se faz necessário além dos cremes vaginais. A terapia hormonal sistêmica, o aconselhamento e a reeducação sexual serão sempre benéficos nesses casos. Deve-se orientar a mulher a respeito das alterações hormonais que estão ocorrendo em seu organismo, e ela deverá ser reeducada quanto à expectativa da sexualidade. É importante ressaltarmos que nos seres humanos os fatores psíquicos e sociais exercem o papel principal na determinação do comportamento sexual, muito mais do que os níveis hormonais.

Uma vida sexual pode ser mais intensa nessa fase, sem ser necessariamente mais freqüente. A freqüência das relações sexuais entre os casais parece diminuir em média 50 por cento acima dos 40 anos. Como a incidência de divórcios é muito grande nessa faixa etária, o aparecimento de novos parceiros sexuais aumenta essa porcentagem.

Disfunção Sexual

A disfunção sexual pode apresentar-se como um dos seguintes transtornos:

1. **Perda do desejo, interesse ou apetite sexual** — A mulher nota uma mudança no seu desejo. Mesmo diante da solicitação do seu parceiro, sente menor desejo que anteriormente, toma menos iniciativa no ato sexual e tem menos fantasias sexuais.

2. **Perda da excitação** — A mulher diminui a sua resposta aos estímulos excitatórios, como a masturbação, pois a mucosa da vagina apresenta uma secura crescente.

3. **Perda do orgasmo** — Há uma dificuldade de se chegar ao orgasmo, ou se chega com menor freqüência e intensidade, diminuindo assim a satisfação pós-coital.

4. **Dispareunia** — Geralmente a mulher pode apresentar dor à penetração. Com isso, a atividade sexual é diminuída, havendo em média apenas um coito semanal, e, após os 55 anos, três coitos mensais. Fatores como idade, hábitos sexuais, estado físico e relacionamento atual com o parceiro influenciam muito, mas a carência hormonal pode dificultar ainda mais a relação sexual. Cremes à base de estrogênio afastam quase que totalmente a dispareunia e o desconforto no ato sexual.

Efeitos da Administração de Estrógenos sobre a Sexualidade

Estudos clínicos demonstram que a queda dos níveis hormonais nas concentrações sanguíneas, de estrogênios e androgênios (hormônios masculinos), induz a uma disfunção sexual. Existe uma associação significativa entre a queda do estradiol (hormônio feminino) na fase da menopausa e a diminuição do número de relações sexuais. Nas pós-menopáusicas, a freqüência dos coitos se torna esporádica, menos que um por semana. O baixo nível de testosterona (hormônio masculino) está associado mais estreitamente com a diminuição do desejo sexual.

Parece que na pós-menopausada os androgênios têm maior importância no desejo que os estrogênios. Estudos demonstraram uma correlação íntima entre as concentrações sanguíneas de androstenediona e testosterona, dois hormônios masculinos, e muito discreta com as do estradiol e estrona. Daí a importância de se fazer um tratamento de reposição hormonal, pois, como já foi demonstrado, quando ocorre a queda do nível estrogênico sanguíneo, os hormônios masculinos, no panículo adiposo grosso, transformam-se em estrona.

Logo, os hormônios masculinos seriam desviados do seu papel na sexualidade feminina para diminuir os sintomas pertinentes à carência hormonal. Podemos evitar esse esquema indireto da natureza administrando à mulher os estrógenos que irão atuar diretamente nos órgãos genitais e "economizar" a testosterona, deixando-a livre para o seu papel de estimulante sexual.

Mais objetivamente, o tratamento com estrogênio leva a uma revitalização da mucosa vaginal. A vaginite atrófica causa dispareunia (dor ao coito), e com o tratamento a secura vaginal diminui. Melhorando a lubrificação, a resposta sexual aumenta durante o coito.

Os efeitos do estrogênio sobre a freqüência das relações sexuais são muito variáveis. Esses hormônios não aumentam as fantasias sexuais e influenciam positivamente a masturbação, elevando sua freqüência.

Efeitos Psicológicos da Administração Estrogênica

Os estrogênios apresentam um efeito tônico mental, ou seja, uma sensação de bem-estar, diminuindo a fadiga e o esgotamento físico. A elevação do ânimo nas mulheres para a resposta sexual foi comprovada por estudos que demonstram que o efeito positivo não é puramente psicológico, e sim inteiramente ligado à administração estrogênica.

Psicoterapia Sexual

O tratamento psicoterápico dos transtornos psicossexuais do climatério torna-se dificultado frente à queda hormonal e ao aspecto negativo que o envelhecimento traz para a sexualidade feminina.

Entretanto, no mínimo a psicoterapia reduzirá a ansiedade e a depressão, fatores agravantes da disfunção sexual nessa fase da vida. Muitas vezes a terapia deverá mostrar para a mulher o significado funcional da menopausa, fazendo com que ela dissocie esse período do término da sexualidade. A psicoterapia fará com que a mulher sedimente o conceito de que a menopausa é a perda da capacidade procriativa, mas nunca a perda da vida sexual.

Sem dúvida, o resultado de uma psicoterapia de apoio, associada a uma terapêutica de reposição hormonal, para superar os efeitos indesejáveis da falta do estrógeno na vida sexual deverá ser sempre benéfico, ajudando em muito a mulher que apresenta disfunção nessa etapa da vida.

Comportamento Sexual e Menopausa

Em geral, com o decorrer da idade, há uma queda na atividade sexual, em ambos os sexos. Todavia, esse comportamento é individual, dependendo das circunstâncias. Estudos demonstram que muitas mulheres mantêm uma atividade sexual satisfatória e relativamente freqüente acima dos 60 e 70 anos de idade.

Aconselha-se a persistência da atividade sexual para a maior longevidade da mesma. Entretanto, uma vida sexual estável pode ser traduzida por uma vida sexual mais intensa, mas não necessariamente mais freqüente.

SEXO: use-o ou você o perderá.

13. Gravidez e Climatério

Atualmente o assunto "gravidez na pré-menopausa" é extremamente controvertido e polêmico. Acredita-se ser a gravidez no climatério mais uma conquista na luta da mulher rumo à igualdade com o homem. Ter filhos numa idade avançada era, até pouco tempo, uma proeza reservada aos homens. Apenas citamos alguns nomes famosos, como Picasso e Charles Chaplin, que se tornaram pais mais velhos, sem que houvesse maiores comentários. Entretanto, o envolvimento físico, psicológico e emotivo de uma mãe com o filho é infinitamente mais complexo, e é a grande diferença entre a paternidade e a maternidade tardia.

Vimos, no capítulo sobre a fisiologia do climatério, que a mulher já nasce com todos os óvulos que irá usar em sua vida reprodutiva. Assim é que, se a mulher engravidar aos 20 anos, o óvulo fecundado terá 20 anos; se aos 40, ele terá também 40, o que explica o grande risco de malformações na gravidez de mulheres idosas. O espermatozóide terá no máximo alguns dias de vida e fecundará um óvulo envelhecido que poderá gerar um ovo com desenvolvimento anômalo e posterior malformação fetal.

À medida que aumenta a faixa etária da mulher grávida, aumenta também o índice de mortalidade. Nessas gestações, existe um acréscimo de incidência de doenças cardiovasculares, auto-imunes, diabetes, hipertensão, e todos esses fatores contribuem para o maior risco de vida da gestante. Também ocorrem maiores problemas placentários, e o parto se torna mais difícil. Gravidez aos 45 anos ou mais apresenta um risco de vida fetal durante o parto de até 22%. Quando ela ocorre antes dos 30 anos, existe o risco para uma entre 1.200 crianças.

Aos 48 anos a chance de o feto nascer com a síndrome de Down (mongolismo) é de 5%. Também a incidência de aborto espontâneo aumenta consideravelmente após os 42 anos. Sendo uma gravidez nesse período fator decisivo para o risco de mortalidade materna e anomalias fetais, ela passa a ser muitas vezes indesejada nessa fase da vida da mulher, seja por problemas sociais, econômicos ou médicos. Daí a importância de se utilizar um método anticoncepcional eficaz. Entretanto, os próprios métodos anticoncepcionais, quando não são bem utilizados, podem acarretar riscos ao organismo feminino, como veremos mais adiante.

Gravidez Depois dos 35 Anos

Algumas mulheres postergam a fase da maternidade, ou porque sentem necessidade de se dedicar primeiro à vida profissional, ou porque esperam uma melhor condição financeira, ou até mesmo uma relação afetiva sólida.

Há duas décadas, quando não havia assistência médica adequada, o temor da gravidez após os 30 anos era uma obsessão na vida feminina. Hoje, quando falamos em riscos, temos a proteção dos métodos diagnósticos atuais e também podemos contar com garantias.

Após essa idade os partos podem ser mais trabalhosos, porque os tecidos musculares e as partes moles da bacia óssea têm menor capacidade de descontração, processo este que cresce com o passar dos anos. Após os 45 anos, a gestação apresenta um risco de morte materna de até 22%.

Entretanto, a gestação acompanhada de problemas quase sempre tem solução, caso o obstetra identifique a problemática e oriente o pré-natal, superando os riscos. Exames especializados como ultra-som, punção do líquido da bolsa das águas (amniocentese) e outros darão à paciente um diagóstico preciso de como está o seu bebê. Alguns exames do líquido amniótico avisam com muita antecedência se a mulher está gerando um feto com anomalia do tipo síndrome de Down. Apoio psicológico e afetivo, exercícios físicos e ainda a alternativa de se fazer uma cesariana aumentam a garantia do sucesso e o afastamento de eventuais complicações.

As mulheres têm o direito de ter filhos após os 35 anos, e cabe aos profissionais da saúde viabilizar esse intento. Sempre houve na medicina um alerta para a gravidez após os 35 anos com base nos riscos maiores: obesidade, doenças cardíacas, diabetes, hipertensão, distúrbios psíquicos e até mesmo câncer do colo uterino. A placenta também pode apresentar um maior número de problemas na gestação tardia.

Quanto à criança, o risco de malformações aumenta: na mãe com 25 a 29 anos, ele é de 0,3%; dos 30 aos 34, de 0,16%; de 35 a 39, 1,4%; dos 40 aos 44, 1,6%. Quanto ao mongolismo, a possibilidade de incidência é de 0,1 por cento quando a mãe tem de 30 à 34 anos; dos 35 aos 39, é de 0,3% e dos 40 aos 44, 1,0%.

Entretanto, o aconselhamento genético antes de uma gravidez é de grande valia para se evitar essas complicações. Como já ressaltamos, durante a gestação, a retirada do líquido amniótico para detectar o mongolismo ou um outro distúrbio genético sério é de suma importância. Caso a ultra-sonografia e a amniocentese detectem a presença de defeitos congênitos, o Código Penal Brasileiro permite a interrupção da gravidez, desde que haja risco de vida para a mãe.

Como o parto após os 35 anos é mais demorado, aumentando o risco fetal, a indicação de uma cesariana será sempre vista com bons olhos. Caso a mulher tenha tido outros partos normais, tenha boa saúde e pratique esportes, existem chances de este vir a ser por via vaginal.

Fatores de Impacto sobre a Gravidez no Climatério e Pré-menopausa

1. Fatores socioeconômicos — A sociedade não aceita com tranqüilidade uma gestante com mais de 40 anos. Nossa cultura é extremamente permissiva aos jovens e castradora dos mais velhos, e a maternidade nessa faixa não tem boa acolhida.

Muitas vezes o próprio cônjuge se opõe a uma gestação tardia ou até mesmo a rejeita quando ela ocorre de forma inadvertida. Sentimentos de vergonha da sociedade, "o que os amigos irão dizer", "o que os outros filhos irão pensar" contribuem para o desentendimento entre o casal.

Assim, é de extrema importância que uma gravidez após os 40 anos seja bem avaliada sob todos os aspectos. Até mesmo do ponto de vista econômico, talvez não seja o momento propício, numa fase da vida em que profissionalmente o casal se aproxima da aposentadoria, o que lhe daria melhor condição de viver os anos saudáveis que lhe restam antes da terceira idade. Mas partimos do princípio de que os cônjuges podem já ter vivido boa parte de suas vidas, com realizações no campo profissional e econômico, e queiram agora partir para um objetivo supremo que irá coroar a vivência do amor de ambos, através de um filho.

2. Fatores psíquicos — A opinião da maioria diagnostica a gestante idosa como irresponsável, uma vez que tem consciência de que, devido à idade avançada da maternidade, dificilmente estará com o filho após a sua adolescência. Esse fator tem em contrapartida o fato de que muitas mães ainda muito jovens, ao terem uma morte prematura, também deixam seus filhos em idênticas condições. Outros alegam ser importante a qualidade do tempo de convivência com o filho, e não a quantidade de anos.

Outras sensações podem perturbar a mulher. Sendo ela a portadora do concepto, terá seu corpo deformado pela gravidez, e sentirá ainda mais o pavor de ver estampado no semblante dos outros filhos e dos amigos a reprovação àquela circunstância. Somando-se a instabilidade emocional, comum a todas as gestações, e a labilidade de humor que acomete o climatério, o psiquismo da grávida estará altamente comprometido.

Algumas mulheres que têm marcado sentimento religioso terão um enfoque dúbio da situação: as que acreditam ser o sexo apenas um meio para a procriação talvez aceitem a gravidez com maior facilidade; as que o vêem também como fonte de prazer poderão se envergonhar de estarem "passando recibo" publicamente de sua vida sexual.

É muito importante a orientação psíquica do casal para que ambos possam enfrentar com tranqüilidade essa situação incomum em nosso meio. A mulher ou o casal que se prepara para a gestação tardia tende a encarar os fatos com otimismo e sem qualquer tipo de preconceito.

3. Fatores médicos — São todos aqueles anteriormente enfocados, que amedrontam a mulher, incutindo nela uma relutância em encarar a gestação após os 40 anos.

Em contrapartida, a medicina, tendo evoluído muito no campo técnico-obstétrico, permitirá à gestante maior tranqüilidade quanto ao prognóstico de sua gravidez e do seu concepto.

Contracepção na Pré-menopausa

Atualmente observa-se um maior interesse da medicina para com os métodos anticonceptivos nos extremos da vida reprodutiva da mulher, ou seja, na adolescência e no climatério. Todavia, os estudos são muito mais profícuos no início da vida reprodutiva do que na pré-menopausa.

Essas duas fases da vida feminina apresentam circunstâncias biológicas especiais que denotam a necessidade de anticonceptivos peculiares. É cada vez mais patente que mulheres na perimenopausa necessitam de proteção contraceptiva, até como substituição hormonal para a terapia dos sintomas próprios do climatério.

As mulheres após os 40 anos podem continuar menstruando e com risco de gravidez, o que ocorre comumente. Em nosso meio, a mulher que já cumpriu seu papel com a maternidade chega a essa fase da vida com algum tipo de método anticoncepcional definitivo, como a laqueadura (ligação das trompas) ou a salpingectomia bilateral (retirada de ambas as trompas uterinas). A histerectomia (extração cirúrgica do útero), conseqüência de anomalias no útero (tais como miomas, hiperplasia glandular cística do endométrio — proliferação da camada interna do útero), pode ser tambem um fator que impossibilite a gravidez. Tumores ovarianos têm sua maior incidência nessa faixa etária, e se extirpados dificultarão ou até mesmo impedirão a ovulação.

A mulher após os 40 anos, para dar continuidade ao seu relacionamento sexual, tem necessidade de um contraceptivo seguro, que possa ser usado até a perda definitiva da fertilidade. Nesta fase de vida, elas podem ser classificadas em três grupos:

1: mulheres que ainda possuem ciclos menstruais regulares.

2: mulheres que ainda apresentam ciclos menstruais porém totalmente irregulares, não obedecendo a uma periodicidade.

3: mulheres que não têm ciclos menstruais há mais de seis meses; nestas não se faz necessário o uso de métodos anticoncepcionais, ao contrário do primeiro e segundo grupos, em que é imperioso o uso de métodos anticonceptivos.

Fatores que Condicionam a Anticoncepção Nessa Fase

1. Fatores fisiológicos, biológicos e metabólicos — O climatério na fase de pré-menopausa, iniciado ao redor dos 40 anos, se caracteriza por descontrole menstrual e períodos de amenorréia (falta de menstruação). Nesta fase, o crescimento dos folículos ovarianos se faz de forma mais lenta, e ocorrem ciclos anovulatórios. Portanto, muitos folículos não amadurecem, não se forma o corpo lúteo (ver capítulo da fisiologia), e com isso há queda na produção hormonal. A progesterona diminui mais rapidamente que os estrogênios, e este desequilíbrio é o responsável pelas primeiras manifestações metabólicas. As mulheres nessa fase consideram que a sua função reprodutora com muita probabilidade já terminou, mas apenas o ginecologista avaliará cada caso e dará a confirmação de que o perigo de uma gravidez está afastado.

Um filho não-desejado pode causar um trauma muito maior em uma mulher acima dos 40 anos do que em uma de 20 ou 30 anos. Dois argumentos são mais freqüentes para que a mulher não queira ter filhos numa idade mais avançada: a de que já tem o número adequado de filhos e o medo de gerar um concepto com distúrbios genéticos (malformação). O risco que essa gestação acarreta para a mulher é um fator preponderante ao se avaliar as conseqüências.

2. Fatores sociológicos — Para a mulher que exerce uma atividade profissional nessa fase de vida, em que os outros filhos estão lhe dando menos trabalho, uma gravidez representaria um grave contratempo. Nessa faixa etária, na maioria das vezes a mulher está no auge de sua carreira profissional, ou próxima à aposentadoria, se começou a trabalhar numa idade mais precoce.

Outro fator sociológico é o aborto espontâneo (aquele que não é induzido ou provocado), que na faixa que vai dos 40 aos

50 anos chega a ser de 26%, quase o dobro do que na faixa etária dos 20 aos 30 anos. Na Inglaterra, 40% dos abortos legais provocados são praticados em mulheres com idade superior aos 40 anos.

3. Fatores sexuais — Ao se prescrever um anticonceptivo para a mulher climatérica, não podemos nos esquecer de um fator determinante, que é o problema da sexualidade. Deve-se entender que a sexualidade é uma função do organismo que não deve ser confundida com procriação. Sabemos que o desejo é a necessidade de dar prosseguimento à expressão sexual feminina, mesmo após a menopausa. Portanto, não devemos usar métodos anticoncepcionais que possam vir a contribuir para a disfunção sexual.

A mulher nessa etapa da vida raramente usa métodos anticoncepcionais vinculados a cada relação sexual. Geralmente, ela vivenciará uma estabilidade em sua vida sexual, em que os coitos têm uma periodicidade, além de que há a decisão definitiva de não ter mais filhos. Esses fatores fazem com que a mulher procure métodos de longa duração, sem relação com o número de atos sexuais ou com a época em que eles serão realizados.

Como nessa fase da vida existe uma possibilidade remota de procriação, separar a atividade sexual da reprodutora pode constituir fonte de conflitos para as mulheres que têm uma criação religiosa muito castradora, ou então por falta de motivação. Entretanto, é melhor incorrer nesse risco do que encarar uma gravidez.

Resumindo, a mulher na idade pré-menopáusica apresenta geralmente menor freqüência de coitos, uma fertilidade diminuída porém com risco de gravidez, e uma exigência quanto à confiabilidade do método anticonceptivo que apresente poucos efeitos colaterais.

Controle da Natalidade no Climatério

É necessário que a mulher adote um contraceptivo, pelo menos por algum tempo após as menstruações terem terminado, caso a menopausa tenha ocorrido por volta dos 40 anos. Enquanto a mulher estiver tendo menstruações, mesmo irregulares e espaçadas, ainda poderá ficar grávida. Eis alguns métodos de prevenção:

1. **Métodos naturais** — Os casais que no passado usaram métodos naturais de planejamento familiar terão mais dificuldade em continuar a adotá-los próximo à menopausa, pois as menstruações ficam irregulares e a textura da mucosa do colo do útero e vagina se modifica, tornando difícil a percepção de quando ocorre a ovulação.

Se a gravidez não é desejada, o casal deve passar a usar outro método de controle de natalidade.

2. **Métodos de barreira: diafragma, capuz cervical e preservativos** — O diafragma e o capuz cervical, quando associados a espermicidas (substâncias que matam os espermatozóides), podem funcionar como contraceptivos, mas são muito pouco utilizados em nosso meio devido à dificuldade de colocá-los no interior da vagina e adaptá-los ao colo uterino. Os preservativos são muito mais utilizados, porém nessa faixa etária dificultam um pouco o coito devido à irritação que causam na mucosa vaginal já comprometida pela carência hormonal.

3. **Coito interrompido** — Nas mulheres climatéricas com ciclos menstruais regulares, o emprego da interrupção do coito no momento pré-ejaculatório pode surtir efeito anticonceptivo desde que se respeite todo o período fértil. Mesmo assim, é um método de risco, pois o ciclo menstrual pode se descontrolar a qualquer época e ocorrer uma ovulação fora do período previsto.

4. Dispositivos Intra-uterinos (DIU) — Esses dispositivos estão sendo cada vez mais utilizados em nosso meio, como já ocorre em países desenvolvidos. Tendo-se em conta que nesse grupo de idade existem limitações aos contraceptivos hormonais (pílulas anticoncepcionais), o DIU seria um método de eleição, salvo contra-indicações particulares. Os dispositivos são de fácil colocação (em consultório), fácil controle clínico e com ótima tolerância em multíparas (mulheres que tiveram dois ou mais filhos).

Além disso, a enfermidade inflamatória pélvica, fator de contra-indicação da colocação do DIU, é menos freqüente nessa faixa etária, porque a possibilidade de infecções nesse grupo de mulheres é mais baixa. Em contrapartida, a presença de miomas (tumorações benignas da camada muscular do útero) tem sua maior incidência nesta fase da vida feminina, levando à contra-indicação ao uso do DIU.

Essas circunstâncias são bastante freqüentes nas mulheres climatéricas. Se ocorrerem sangramentos prolongados e abundantes com o uso do DIU, ele deve ser retirado, pois esses sintomas podem ser uma reação normal das mudanças hormonais da menopausa, mas podem também assinalar problemas mais sérios, como um câncer de endométrio.

Resumindo, o DIU é recomendado apenas em mulheres climatéricas que tenham tido dois filhos ou mais e que não apresentem nenhum dos inconvenientes ou complicações relacionados acima.

5. Anticoncepção cirúrgica — Laqueadura, salpingectomia e vasectomia. Em nosso meio, a grande maioria das mulheres acima dos 35 anos já foi submetida a uma contracepção cirúrgica, para que possam ter uma vida sexual mais satisfatória, liberadas do medo da gravidez.

Uma vez que tiveram o número desejado de filhos, a esterilização definitiva não lhes causará qualquer problema. A cirurgia para a reversão do método da laqueadura das trompas uterinas apresenta um êxito muito discreto, o que nos faz concluir ser este método, na maioria dos casos, uma forma definitiva de esterilização.

A laqueadura é método de escolha quando feita durante uma cesariana ou por via laparoscópica, logo após um parto normal. Quando associada a uma outra cirurgia por via abdominal, a retirada bilateral das tropas uterinas (salpingectomia) é o método de eleição quando elas apresentam processos inflamatórios ou outras alterações.

A vasectomia, isto é, a retirada bilateral de parte do canal deferente (canal que leva os espermatozóides do testículo até a uretra), é um método facilmente realizável no homem. Essa pequena cirurgia pode ser feita ambulatorialmente e com anestesia local. Preconceitos e tabus povoam a cabeça da maioria dos homens, que vêem nesse método uma possível causa de impotência sexual. Esse medo infundado faz com que o homem evite constantemente esse processo de esterilização. A reversão da vasectomia é tão difícil quanto a da laqueadura.

Importante ressaltarmos que a laqueadura, a salpingectomia e a histerectomia não influenciam na vida sexual da mulher, e o médico deverá orientá-la muito bem nesse sentido antes de realizar a cirurgia.

6. Métodos hormonais — São métodos polêmicos em função dos riscos, que vão desde a maior incidência de cardiopatias até problemas vasculares e uma associação com o carcinoma do endométrio (camada interna do útero). Estudos mostraram maior incidência de acidente vascular cerebral e infarto agudo do miocárdio em pacientes que fizeram uso de pílulas anticoncepcionais após os 35 anos, em especial nas tabagistas. Atualmente, pílulas com dosagem estrogênica baixa diminuíram significativamente esses riscos, mas nas fumantes eles ainda continuam sendo um fator de risco. Existe entretanto uma corrente médica que não contra-indica os anovulatórios de menor dosagem nessa faixa etária, argumentando ser a terapia hormonal de reposição no climatério também baseada no uso de estrogênios. Esses anticonceptivos são indicados quando a mulher ainda apresenta irregularidades em seus ciclos menstruais. Alegam ser um contra-senso negar à mulher um contraceptivo hormonal de baixa dosagem para logo após lhe prescrever a terapia de reposição hormonal do climatério.

Optando-se pelos anovulatórios, qual o anticonceptivo hormonal mais correto nessa fase? Temos que levar em conta dois grupos de mulheres:

1: um grupo de alto risco formado por mulheres que fumam e fazem uso de bebidas alcoólicas de uma forma pouco moderada.

2: um grupo de baixo risco constituído por não-fumantes e que têm ingestão moderada de álcool.

As pílulas anticonceptivas hormonais podem ser divididas em dois grupos: as compostas somente por progestogênios e as resultantes da combinação de estrogênios e progestogênios. Estes últimos têm sido constantemente aperfeiçoados e são os de eleição na maioria dos casos. Os anticonceptivos trifásicos são os que devem ser escolhidos para as mulheres acima de 35 anos. Também aqueles que contêm desogestrel ou gestodene, pois são as chamadas pílulas de quarta geração, que contêm baixas dosagens hormonais. Esse tipo de método, além do fato de ser anticonceptivo, tem a vantagem de trazer o alívio dos sintomas do climatério nas mulheres que já os estiverem apresentando nessa faixa etária. Além disso, como o estrogênio é um dos elementos de manutenção do tecido ósseo, o anticoncepcional oral combinado apresenta a vantagem de preservar a massa óssea. Logo, as pílulas devem também atender a outros aspectos, como dar suporte aos tecidos, não estimular o crescimento endometrial, reduzir a reabsorção óssea (que leva à osteoporose) e incrementar a massa óssea.

Resumindo, sabemos não existir para a climatérica um método ideal, que satisfaça como anticonceptivo e método terapêutico, nessa fase em que a fisiologia do organismo feminino se encontra muito comprometida. Esse fator não é só privilégio da mulher na pré-menopausa, pois em todas as faixas etárias cada uma delas terá o seu método ideal, adequado às suas particularidades.

14. Obesidade no Climatério

Uma das formas de armazenamento de energia está no depósito de gorduras do corpo humano. Entretanto, a reserva de gordura pode ser acumulada em um nível não salutar, e por isso mais de metade das mulheres tem excesso de peso na fase do climatério. Esse aumento também se deve à retenção de sódio e líquidos no espaço extracelular. Geralmente isso ocorre em mulheres que já têm um peso superior ao que lhe corresponderia. Um mito sempre rondou o tratamento de reposição hormonal no climatério: hormônio engorda? Estudos demonstram que a mulher que faz tratamento de reposição hormonal tem menor probabilidade de ultrapassar o seu peso do que as que não se submetem à terapia hormonal.

O tecido adiposo é um órgão visado pelos estrogênios e pela progesterona, local onde se estocam os hormônios sexuais e sede de conversão dos androgênios (hormônios masculinos) em estrogênios. Isso explica o fato de que no passado altas dosagens de androgênios injetáveis melhoravam em muito os sintomas dos fogachos e sudorese, mas levavam ao aparecimento de pêlos no corpo da mulher. Existem estudos demonstrando a importância do tecido adiposo no metabolismo geral dos hormônios, em função do peso corporal da mulher. Assim é que se encontra mais freqüentemente hiperestrogenismo em mulheres obesas. Esse fator pode apresentar um benefício para o metabolismo dos ossos e um malefício, pelo risco de hiperplasia e câncer do endométrio.

Tanto a estrona como o estradiol estão aumentados nas

mulheres com peso acima do normal. Pesquisas demonstram que existe uma insuficência ovariana significativamente precoce nas mulheres obesas. Cada quilo de gordura a mais representa 7.000 calorias de energia não-utilizada. Comer menos e queimar mais calorias são as únicas duas medidas para o combate a essa situação.

Ingerindo-se 500 calorias a menos por dia, pode-se perder meio quilo semanalmente. Se 500 calorias forem queimadas diariamente com exercícios físicos, perde-se um quilo por semana. Essa combinação funciona muito mais do que cada uma das alternativas em separado.

As 200 ou 300 calorias queimadas em 30 minutos de exercícios parecem não contribuir muito para a perda de peso, mas os efeitos são cumulativos: um pequeno aumento da atividade física resulta em perda de peso ao longo do tempo. Meia hora de caminhada após o jantar, todos os dias, reduz dois quilos e meio de peso ao final de um ano. Uma corrida de cinco quilômetros, cinco vezes por semana, consome um quilo por mês, ou um total de 12 quilos por ano.

Quando se faz um regime, há uma perda de peso também dos tecidos magros e dos músculos. Apesar de chegar ao peso considerado ideal, o corpo apresenta uma flacidez indesejada. É exatamente nessa fase que os exercícios físicos têm muita importância, pois queimam o excesso das gorduras e aumentam a massa muscular, dando firmeza ao corpo.

Os exercícios não aumentam o apetite, e uma atividade física moderada até inibe a superalimentação. Os exercícios físicos aumentam o metabolismo, conservando-o elevado até seis horas depois da atividade física, queimando as calorias tanto durante os exercícios como após os mesmos. Existem estudos comprovando que se queimam mais calorias em exercícios feitos algumas horas após a alimentação do que em jejum.

A necessidade calórica decresce com o passar dos anos, e o peso ideal permanece o mesmo que era aos 25 anos. Fatores como idade, altura, nível de atividade e metabolismo determinam a quantidade de calorias de que um indivíduo necessita diariamente. A mulher após a menopausa necessita em média de 30 calorias por quilo para manter o seu peso ideal.

Considera-se obeso quem tem 20% acima do peso ideal. A obesidade na fase do climatério está relacionada com vários problemas de saúde, como hipertensão, diabete, cardiopatias, artrites e aumento das gorduras nos vasos sanguíneos. Mesmo um excesso de três a cinco quilos é prejudicial à saúde.

Com o envelhecimento, existe a diminuição do metabolismo e da atividade física, dificultando o controle de peso e a manutenção da forma física. Comer da mesma maneira que aos 20 anos e fazer menos exercícios é o caminho mais certo para se chegar à obesidade.

MÉDIA DAS NECESSIDADES ENERGÉTICAS

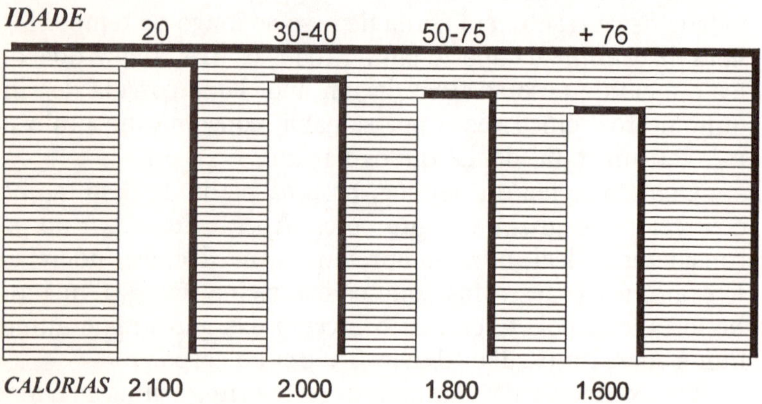

Antes de se planejar um regime e exercícios físicos, deve-se consultar um médico. A perda semanal de meio a um quilo é uma meta sensata que não causará mal à saúde. Para isso deve-se aumentar a atividade física e diminuir a ingestão de alimentos, até o ponto em que se esteja queimando de 500 a 1.000 calorias a mais por dia.

Um regime variado e nutritivamente equilibrado poderá satisfazer a todas as exigências de saúde. Entretanto, regimes com menos de 1.200 calorias requerem a ingestão suplementar de vitaminas e sais minerais.

A ingestão de calorias deve se adequar a um peso corporal ótimo para cada estatura física. A perda de peso pode também ser benéfica para reduzir a pressão arterial elevada e níveis lipídicos acima dos normais.

Eis algumas sugestões para auxiliar na manutenção do peso ideal:

1. Não comer, a não ser que tenha fome — Deve-se evitar a ingestão de alimentos quando se está deprimida, ansiosa, aborrecida e sozinha. Hábitos como comer diante da televisão devem ser abolidos.

Deve-se fazer uma lista de projetos a serem feitos em casa, como escrever cartas, pintar quadros, bordar, reorganizar as gavetas, ler um livro, telefonar para amigos etc., para serem executados diante da vontade de assaltar a geladeira. Um bom remédio para o nervosismo ou tensão são as caminhadas e os exercícios de relaxamento.

2. Suprir a despensa com alimentos de poucas calorias — Deve-se evitar ir ao supermercado quando se está com fome. Se a família gosta de chocolates ou sorvetes, deve-se escolher um sabor ou qualidade que não sejam tentadores. Deve-se deixar na geladeira frutas frescas à mostra e esconder os alimentos proibidos.

Se você não consegue resistir à tentação de determinados tipos de alimentos, é melhor não comprá-los.

3. Desenvolver hábitos alimentares sensatos — Deve-se comer pelo menos três vezes por dia. Caso haja uma falha na seqüência das refeições, pode ocorrer a tentação de se fazer um lanche proibido, ou comer mais na próxima refeição.

O ideal é fazer as refeições maiores nas primeiras horas do dia, quando se pode queimar as calorias com atividades habituais. O jantar deverá ser a refeição mais leve, e deve-se evitar ingerir alimentos até três horas antes de dormir.

Deve-se comer devagar, cortando o alimento em pedaços, e mastigar saboreando-o. Para se sentir bem alimentada deve-se comer grandes porções de alimentos fibrosos e beber muita água durante a ingestão dos mesmos e nos intervalos. Sopas ralas como prato inicial numa refeição ajudam a bloquear o apetite.

4. Evitar bebidas alcoólicas — As bebidas alcoólicas contêm muitas calorias e podem diminuir a força de vontade de se manter o regime. Se forem absolutamente necessárias, prefira as vodcas com suco de laranja ou, *cuba libre* com Coca-Cola *diet*. Procure usar *club soda* nos drinques com limão.

5. Restaurantes — Não se deve evitar bons restaurantes ou jantares sociais. Deve-se comer inteligentemente, apenas comida grelhada, assada ou cozida. Deve-se evitar alimentos com molhos e cremes. A salada deve ser temperada à mesa, de preferência com limão. Na sobremesa, deve-se optar por frutas frescas.

6. Estilo de vida aeróbio — Deve-se procurar uma maneira de acrescentar exercícios às atividades rotineiras do dia-a-dia, como caminhar até o local do trabalho ou estacionar o carro alguns quarteirões antes do destino. Deve-se, sempre que possível, usar escadas em vez de elevador. Com essas atitudes, mantém-se o sistema cardiovascular bem condicionado e haverá a queima de calorias extras.

7. Não desistir do regime — Após a perda de alguns quilos, é normal haver uma estabilização que não deve ser motivo para a desistência. Se estiver comendo menos e fazendo exercícios, é uma questão de tempo para a balança começar a cair.

Algumas alterações físicas do envelhecimento são inevitáveis, como o aumento da barriga, o engrossar da cintura e uma redistribuição de peso na parte central do corpo. Os exercícios e o controle alimentar podem retardar essas mudanças naturais. Na maioria dos casos a gordura da meia-idade é apenas mais um pretexto para o excesso de alimentação e a redução dos exercícios físicos.

O aconselhamento das dietas alimentares, que será abordado no próximo capítulo, se volta principalmente para a ingestão de energia e a proporção de gorduras, carboidratos, proteínas e demais nutrientes.

15. Alimentação no Climatério e na Menopausa

Comer com bom senso promove a boa saúde. O regime alimentar exerce muita influência no desenvolvimento de várias doenças, como a hipertensão arterial, o diabetes, o câncer, doenças cardíacas, a osteoporose e outras moléstias degenerativas. Na menopausa, a tensão emocional aumenta, e o corpo necessita de nutrientes extras, que deverão ser fornecidos com uma boa alimentação. Essa fase da vida, com todas as mudanças físicas e emocionais, certamente é a época em que a mulher deverá melhorar o seu padrão alimentar.

O organismo na meia-idade está passando por grandes mudanças, e por isso os costumes alimentares têm que ser alterados também. Em geral as pessoas se tornam menos ativas fisicamente à medida que envelhecem, e, conseqüentemente, queimam menos calorias a cada dia. Outro fator que também conta é a diminuição do metabolismo, pois estima-se que a cada década, após os 20 anos de idade, o ser humano necessita de dois a cinco por cento menos caloria para manter o peso.

Índice de Massa Corporal

Para se saber se o peso é excessivo, deve-se dividi-lo em quilogramas pelo quadrado da altura em metros.

Por exemplo: uma mulher com peso 73,300kg e altura 1,62m. Dividindo-se o peso (73,300) pelo quadrado da altura (1,62 x 1,62), teremos um índice chamado Índice de Massa Corporal. O peso estará em excesso quando este índice for superior a 25. No exemplo, o peso máximo deveria ser 65 quilos; entretanto, recomendamos que o índice fique ao redor de 23, e para isso o peso ideal do exemplo em questão seria em torno de 62 quilos.

Alimentação após a Menopausa

Mantendo o peso ideal a mulher não sobrecarrega o coração. O regime alimentar diminui o número de infartos porque faz cair a taxa de colesterol no sangue. Uma boa alimentação consiste em diminuir a quantidade de comida e melhorar a sua qualidade, evitando gorduras em excesso.

Após a menopausa, o sistema reprodutor feminino entra em recesso, e por isso as necessidades calóricas diminuem ainda mais. A mulher que já passou da menopausa deve diminuir a ingestão de calorias em 10 a 15% para manter o seu peso ideal. É lógico que as mulheres que têm tendência a engordar deverão fazer uma dieta mais rigorosa.

O organismo perde gradativamente a capacidade de absorver vitaminas e sais minerais à medida que envelhece. Surge aí um grande desafio: a mulher terá que restringir as calorias para manter o peso ideal e ao mesmo tempo aumentar a ingestão de nutrientes. A dieta adequada deve conter poucas calorias, mas precisa possuir os nutrientes essenciais.

Alimentação Selecionada

Para um bom funcionamento, o organismo humano necessita de aproximadamente 50 nutrientes. São substâncias químicas que provêm dos alimentos, após a digestão dos mesmos. Com o envelhecimento, eles não são mais produzidos pelo corpo em quantidades suficientes para satisfazer as necessidades. Essas substâncias são classificadas em seis grupos: proteínas, carboidratos, gorduras, vitaminas, sais minerais e água. Esses grupos de substâncias são responsáveis pelo surgimento da energia corpórea e pela formação e reparação dos tecidos do corpo, regulando os processos de cicatrização do organismo. Logo, deve-se ingerir uma grande variedade de alimentos, de cores e texturas diferentes, contidos nos quatro seguintes grupos:

1. Grupo das carnes — Carne de boi, vitela, porco, carneiro, peixe e mariscos, aves, ovos, leguminosas como feijão, ervilhas, lentilhas, amendoim e nozes. Esse grupo supre o organismo de proteínas, niacina, ferro e tiamina (vitamina B1). Recomenda-se a ingestão de apenas duas refeições: uma porção pode ser composta de 60 gramas de carne magra, peixe ou aves, dois ovos, uma xícara de feijão, ervilhas ou lentilhas, quatro colheres de sopa de manteiga ou meia xícara de ricota.

2. Grupos das frutas e vegetais — Composto por todos os vegetais e frutas frescas (também enlatados, congelados e secos), exceto feijão e ervilha, que, por terem quantidade significativa de proteínas, são enquadrados no grupo das carnes.

O grupo das frutas e vegetais é o fornecedor das vitaminas A e C. Quatro porções diárias devem incluir frutas ou suco de frutas cítricas. A porção ideal é igual a uma xícara de frutas ou vegetal cozidos, ou uma fruta fresca de tamanho médio, ou uma xícara de suco.

3. Grupo do leite — Este grupo fornece o cálcio, as proteínas e a riboflavina (vitamina B2). As necessidades recomendadas deste grupo são de duas porções diárias. Alguns especialistas acreditam que as mulheres acima de quarenta anos precisam de quatro porções desse grupo por dia. Uma porção é igual a uma xícara de leite, uma de iogurte, 45 gramas de queijo, duas xícaras de ricota ou uma xícara de sorvete. Os queijos brancos são preferíveis aos amarelos por conterem menos quantidade de gordura.

4. Grupos dos grãos — Todos os grãos, como trigo, milho, arroz, aveia, centeio, pão, cereais e massas feitas com eles. Esse grupo fornece os carboidratos, tiamina (B1), ferro e niacina. São recomendadas quatro porções diárias desse grupo. Uma porção é igual a uma fatia de pão, uma xícara de cereal frio, meia xícara de cereal cozido, massa, arroz, fubá ou sêmola, ou cinco biscoitos de água e sal.

Outros — Existem alguns alimentos que fornecem poucos nutrientes e devem ser comidos com moderação. Nesse grupo encontram-se a manteiga, óleo, temperos, geléias, doces e balas.

Necessidades Especiais na Menopausa

Hoje em dia não existem mais dúvidas de que as mulheres na menopausa têm necessidades nutritivas especiais, assim como bebês, crianças, mulheres grávidas ou em lactação.

As tabelas de nutrição classificam as mulheres adultas em dois grupos de acordo com a idade: de 20 a 50 anos e de 50 a 75, sem atenção especial para o climatério. Entretanto, atualmente sabe-se que a mulher no climatério e menopausa tem algumas necessidades específicas. Um exemplo importante é a necessidade diária recomendada de cálcio; de acordo com as tabelas nutricionais, as mulheres na faixa etária acima de 40 anos, até os 75, precisam de mil a 1.500 miligramas de cálcio por dia (Federal Drugs Administration — EUA). Algumas autoridades médicas acham essa quantidade muito pequena, pois na pós-menopausa as mulheres tendem a perder o cálcio dos ossos numa taxa acelerada. Essa perda leva à osteoporose, condição em que os ossos ficam enfraquecidos, porosos e se quebram com facilidade. Uma quantidade adequada de cálcio na dieta previne esta doença.

O cálcio também oferece proteção contra o aumento da pressão arterial e ajuda o organismo a conviver com a ansiedade. A quantidade indicada de consumo de cálcio diário é encontrada em quatro copos de leite ou seu equivalente. Algumas dietas, preocupadas com as calorias, retiram os laticínios da dieta alimentar, substituindo o leite por café ou refrigerantes. Leite e laticínios são, sem dúvida, a melhor fonte de cálcio.

As mulheres que têm tendência a engordar deverão fazer uso de produtos com leite desnatado ou com baixo teor de gordura, que são mais saudáveis e não engordam. Deve-se adquirir o hábito de tomar leite às refeições, ou faça um lanche extra entre elas. O leite deverá substituir, sempre que possível, os refrigerantes, o café e os sucos de frutas. As mulheres que não gostam de leite devem usá-lo em sopas cremosas, pudins, cremes e sorvetes, ou ingerir iogurtes, e terminar as refeições com queijo e frutas.

Ao cozinhar carne com ossos para guisados e sopas, deve-se adicionar uma pequena quantidade de vinagre, que irá dissolver o osso e produzir um caldo rico em cálcio. Embora a ingestão de cálcio seja suficiente, o organismo não conseguirá absorvê-lo adequadamente se não forem consumidas quantidades suficientes de vitamina B e se não se fizer as reposições hormonais necessárias na menopausa. O cálcio na mulher anda de braço dado com os estrogênios (hormônios femininos).

A vitamina D é "a vitamina do raio de sol", assim chamada porque o corpo só é capaz de fabricá-la quando exposto à sua luz. Essa exposição deverá ser de 15 minutos a uma hora por dia, no período das oito às dez horas da manhã, para a produção de uma quantidade suficiente de vitamina D. Entretanto, o tempo chuvoso, estilos de vida e regime de trabalho muitas vezes cooperam para privar o organismo dessa cota diária de sol. Torna-se então necessário buscar nos alimentos a complementação necessária.

O leite vendido em alguns países é enriquecido com vitamina D e constitui a melhor fonte desse nutriente. A vitamina D é também encontrada no óleo de fígado de bacalhau, na gema de ovo, em peixes de água salgada e no fígado.

A capacidade do organismo de absorver a vitamina D diminui à medida que se envelhece, e recomenda-se que a quantidade diária seja aumentada para as mulheres idosas.

Alguns hábitos alimentares interferem na capacidade do organismo feminino em absorver cálcio, como, por exemplo, a sobrecarga de proteínas, que fará com que a mulher perca cálcio dos ossos em quantidades maiores. Também os refrigerantes que contêm alta concentração de fósforo mineral impedirão a absorção do cálcio. Quantidade excessiva de fumo, álcool, cafeína e sal também perturba o equilíbrio de cálcio no corpo humano.

Suplementos de Cálcio

Algumas pessoas têm intolerância à lactose (uma substância contida no leite), sentindo cãibras, prisão de ventre e diarréia com a ingestão do mesmo. Existem no comércio produtos especiais à base de leite, indicados para esses casos de intolerância à lactose. Esses produtos contêm leite acidificado ou de soja, assim como os processados especialmente para neutralizar o indesejado açúcar do leite.

As mulheres que não toleram leite ou simplesmente não gostam deste alimento devem tomar um suplemento diário de cálcio. O carbonato ou lactato de cálcio são os suplementos mais usados, e também os menos caros. Os gluconatos de cálcio também podem ser utilizados, porém a preços mais altos. Esses produtos geralmente vêm em forma de comprimidos, mas também podem ser receitados em forma de pó ou líquido.

Afirma-se que o cálcio quelatizado (em forma de comprimidos) intensifica a absorção desse elemento. São muito caros e não há comprovação médica de que sejam melhores que os outros. Cada suplemento contém um percentual diferente do cálcio e isso influencia no preço do produto e no número de comprimidos a ser ingerido por dia.

O carboidrato de cálcio contém maior quantidade de cálcio (40 por cento), enquanto o lactato contém 13 por cento e o gluconato, 9 por cento. O carbonato de cálcio às vezes provoca prisão de ventre, e algumas fórmulas contêm magnésio, o que geralmente resolve o problema.

A vitamina D, necessária para que o cálcio seja adequadamente absorvido, é proveniente da alimentação natural e da exposição ao sol. A suplementação de vitamina D só deverá ser feita com a aprovação do médico, já que, em doses excessivas, ela se torna tóxica. A ingestão de cálcio deve ser fracionada, deixando-se um terço da dose para a hora de deitar-se, pois sabe-se que o organismo perde mais cálcio durante o sono. Quando a dose é única, orienta-se para que ela seja ingerida à noite.

As pessoas que têm histórico de cálculos renais devem conversar com seu médico antes de tomar suplementos de cálcio, e as que estiverem fazendo uso dessa medicação precisam beber quantidades adequadas de líquido todos os dias. Isso mantém um bom volume de urina e diminui a possibilidade da formação de cálculos renais.

Tabela de Teor de Cálcio dos Alimentos

Alimento	Cálcio (mg)
1 xícara de leite integral	291
1 xícara de leite desnatado	302
1 xícara de iogurte (desnatado)	415
Queijo sólido (30g)	200
Requeijão (30g)	25
Queijo cremoso (30g)	20
Creme de leite magro (20g)	15
Creme de leite gorduroso (20g)	10
Sorvete de leite (1 xícara)	170
Queijo suíço (30g)	272
1 xícara de queijo tipo ricota	154
Grupo das Carnes	
Salmão rosa enlatado (100g)	200
Sardinhas enlatadas com osso	372
Camarão enlatado (100g)	90
7 a 9 ostras cruas	90

Todas as outras carnes e peixes (100g)	5 a 20
1 ovo	25
1 xícara de feijão cozido	90

GRUPO DAS FRUTAS E VEGETAIS

1 xícara de acelga	252
1 xícara de brócolis	136
1 xícara de couve tronchuda	358
1 xícara de couve-manteiga	200
1 xícara de espinafre	167
1 xícara de couve-flor, milho, pepino, alface, tomate.	30
1 xícara de aspargos, ervilhas frescas, repolho, cenoura, cebola,batata-doce.	50
1 xícara de suco de laranja	40
1 xícara de suco de outras frutas	20
1 xícara de maçã, banana, pêssego, pêra, morango, melão, uva, abacaxi.	20 a 30

GRUPO DOS GRÃOS

1 fatia de pão	20
1 porção de biscoito, bolacha	75

1 batata média	15
1 xícara de arroz, massas	15
1 xícara de aveia	20
1 xícara de outros cereais	5
1 xícara de amêndoas	240
1 xícara de castanha	240
1 xícara de nozes	100
1 colher de sopa de pasta de amendoim	10

Comidas que Devem Ser Evitadas

Existem alimentos que influenciam negativamente na biodisponibilidade de cálcio. São os "ladrões de ossos", e deve-se evitar o seu consumo em exagero. São as fibras dietéticas, o ácido fético encontrado em farelos, o ácido oxálico, presente em alguns vegetais como o espinafre. Como já foi dito, proteínas em grandes quantidades aumentam a excreção urinária do cálcio.

A sintomatologia pré-menstrual em algumas mulheres pode se exacerbar após os 40 anos devido ao desequilíbrio hormonal mais intenso. O acúmulo de água nos dias que precedem a menstruação torna os seios doloridos, causa edema (inchaço), ganho de peso, dor de cabeça, irritabilidade e insônia. Algumas se sentem melhor quando eliminam a cafeína, o álcool e doces da dieta alimentar. A diminuição da cafeína deve ser feita gradativamente, caso contrário poderá causar dores de cabeça, sonolência, nervosismo, depressão e até náuseas e vômitos. Recomenda-se limitar o consumo de café a duas xícaras por dia.

É conveniente que se reduza a quantidade de sal nos alimentos uma semana a 10 dias antes da data em que se espera a menstruação. O sal agrava não apenas o edema pré-menstrual como também o aumento da pressão arterial e a perda do cálcio. O elemento do sal que causa problemas, quando em excesso, é o sódio. Há 2.000mg de sódio numa colher de chá. O americano consome em média 4.000 a 4.500mg de sódio por dia, o que equivale a uma quantidade superior à necessária, desde que não se esteja fazendo nenhum esforço físico excessivo num dia muito quente de verão. É conveniente economizar o sal na cozinha, pois um terço dessa ingestão de sódio vem diretamente do saleiro, no preparo da refeição ou na hora da refeição.

O sal mascara o gosto natural dos alimentos, e usando suco de limão, diferentes ervas e especiarias, alho e cebola em pó veremos como esses substitutos do sal farão com que se aprecie melhor o sabor de cada alimento. Segue receita de uma mistura para substituir o sal: misture num recipiente duas colheres de chá de alho em pó, uma colher de chá de manjericão, orégano a gosto, casca de limão em pó. Guarde em um vidro adicionando grãos de arroz cru para evitar que empaste com a umidade. Pode-se substituir a casca e o limão desidratados por suco de limão durante a refeição.

Diuréticos

Organismos que têm retenção de líquido muito acentuada, necessitam, além de redução da ingestão do sal, de um diurético. Devido ao risco, esses medicamentos só devem ser utilizados mediante prescrição médica, pois eles tendem a exaurir a reserva de potássio do organismo, resultando em fraqueza, fadiga e cãibras nas pernas. Às que usam essa medicação diariamente, recomenda-se o uso de alimentos ricos em potássio todos os dias. Entre eles estão a banana, melão, nectarina, uva, suco de laranja, batata e abacate.

Quando utilizado por um período muito prolongado, o diurético também pode causar a falta de zinco, que provocará a perda parcial do olfato, do paladar e a piora da visão noturna. Poderá também dificultar a cicatrização dos tecidos; no homem, facilita o aparecimento da impotência. Além disso, os diuréticos não controlados podem causar desidratação e taquicardia.

Fumo e Álcool

Não existem dúvidas de que o fumo é prejudicial à saúde. O uso de cigarros é responsável por 30% de todas as mortes por câncer. Os fumantes têm mais probabilidade de ter câncer do que os não-fumantes. O fumo tem sido associado ao desenvolvimento de doenças do coração, bronquite crônica, enfisema, câncer de garganta e pulmões, boca, pâncreas e bexiga, algumas infecções respiratórias menos graves e úlcera gástrica.

Somente a exposição muito prolongada à inalação de ar em aposentos cheios de fumaça ou a proximidade de fumantes pode causar danos à saúde. De uma maneira ainda desconhecida, o fumo leva à menopausa precoce e aumenta os riscos de osteoporose e câncer do endométrio. As mulheres fumantes são mais sujeitas a fraturas na velhice, principalmente as que não fizeram reposição hormonal do estrogênio. As pesquisas indicam que as mulheres fumantes portadoras de osteoporose apresentam a possibilidade três vezes maior de perder os dentes que as não-fumantes.

É importante saber que, uma vez abandonado o hábito de fumar, os efeitos negativos do fumo, nesse sentido, são revertidos completamente. De uma maneira geral, os riscos de saúde dos ex-fumantes estão mais próximos daqueles que nunca fumaram do que dos que ainda mantêm o vício.

Fumo e álcool também não se combinam. O álcool também é associado ao câncer de fígado, cirrose, danos cerebrais e obesidade. Todas essas razões são mais do que suficientes para a orientação de que a mulher só deve beber socialmente a fim de não prejudicar sua saúde. A associação de ambos, quando em excesso, poderá se transformar num problema preocupante.

Laxantes

O risco de laxantes a longo prazo apenas trará malefícios à saúde, pois eles privam o organismo de nutrientes essenciais, além de criarem dependência, e com o tempo os intestinos têm dificuldade de funcionar por conta própria. Os emolientes das fezes são mais suaves que os laxantes, mas a solução mais adequada é o uso de comidas fibrosas na alimentação diária.

Fibras Dietéticas

À medida que o corpo envelhece, o aparelho digestivo se torna preguiçoso e o metabolismo fica mais lento. Dessas alterações poderá advir a prisão de ventre. As fibras agem como uma esponja, absorvendo várias vezes o seu peso em água, o que as torna mais volumosas e de trânsito intestinal mais rígido, causando distensão nos intestinos.

Os hábitos alimentares atualmente são mais ricos em açúcar, gorduras e produtos industrializados, em detrimento das fibras. Acredita-se que essa talvez seja a causa da grande incidência de câncer do cólon (porção terminal do intestino). As fibras, apressando a passagem do material não aproveitado, reduziriam o tempo em que os intestinos ficariam expostos aos agentes irritantes da parede intestinal (cancerígenos). As fibras ainda aliviam as hemorróidas e previnem contra as diverticulites, isto é, formação de bolsas nas paredes intestinais que quando inflamam provocam muita dor.

Além disso, os alimentos fibrosos contêm poucas calorias, mas dão uma sensação de plenitude, o que faz com que estejam sempre presentes em qualquer dieta de controle de peso. O acréscimo de fibras numa dieta alimentar deverá ser gradativo, pois poderá dar retenção de gases, com distensão abdominal.

Eis alguns alimentos ricos em fibras: grãos integrais, pães e cereais, frutas secas e vegetais, principalmente ingeridas com casca e polpa, feijões, ervilhas e sementes, cevada, arroz integral, feijão e batatas com casca. Evite comer só um tipo de alimento fibroso, pois há pelo menos seis espécies diferentes de fibras, e cada uma delas tem as suas próprias vantagens. Não se deve também exagerar na ingestão de fibras, pois quantidades muito grandes podem interferir na absorção do cálcio, zinco, ferro, magnésio, fósforo, cobre e vitamina B12. Caso o problema seja a prisão de ventre, além da dieta rica em fibras aconselha-se a ingestão de muito líquido todos os dias (pelo menos oito copos) e fazer exercícios com regularidade. Deve-se procurar regular o intestino, estabelecendo uma hora certa para a evacuação, sentindo ou não necessidade, e o ritual deverá ser feito com tranqüilidade.

Dietas de Gorduras e Colesterol

As gorduras em quantidade moderada são necessárias numa dieta alimentar. Elas favorecem o crescimento e dão pele saudável, fornecem energia concentrada e apoio para os órgãos vitais. São também responsáveis pelo transporte das vitaminas solúveis A, D, E e K pelo organismo.

Existem vários tipos de gorduras: poliinsaturadas (geralmente óleos líquidos vegetais) que baixam a taxa de colesterol no sangue e diminuem o risco de doenças cardíacas. As gorduras saturadas são sólidas à temperatura ambiente e são de origem animal. A essas gorduras se atribui a formação de depósitos no interior das artérias, causando o seu endurecimento, ataque do coração e infarto.

Logo, para a prevenção das doenças cardíacas, deve-se usar dietas pobres em gorduras saturadas e colesterol. Embora ainda não tenha sido comprovado, o elo entre as dietas ricas em gordura e o câncer foi observado em pesquisas em grandes populações. Também experiências com animais em laboratório mostram uma ligação entre ambos. Os animais que recebem dietas ricas em gorduras são mais sujeitos ao câncer do seio e do cólon.

Algumas instruções são importantes para reduzir o nível de gordura na dieta alimentar:

— diminuir o consumo de óleos, molhos, manteiga, creme, toucinho e carnes gordurosas;

— ingerir mais carnes magras, peixes, aves, feijões e ervilhas como fonte de proteínas;

— são recomendados apenas 180g de carne magra, peixe ou ave por dia. Uma xícara de proteínas vegetais (feijão, ervilha e legume) equivale a 60 ou 90g de carne, mas contém apenas traços de gordura;

— assar, grelhar, ferver, cozinhar ou usar as carnes em churrasqueiras, em vez de fritar. Tire as gorduras das carnes antes de cozinhá-las e prepará-las;

— use laticínios desnatados no lugar dos que são feitos com leite integral;

— modere o consumo de gemas de ovo, vísceras de animais e mariscos, todos eles ricos em colesterol. Devese limitar o consumo a três ovos inteiros por semana;

— as carnes vermelhas e as gemas de ovos adicionam gordura e colesterol à dieta. Entretanto, são boas fontes de ferro, e não devem ser eliminadas de todo.

Se precisar cozinhar com gorduras, escolha óleos vegetais líquidos e margarina, ricas em gorduras poliinsaturadas, em vez de manteiga e outras gorduras sólidas. Gordura de coco e azeite-de-dendê, embora em forma líquida, são gorduras saturadas, e devem ser evitadas.

Tratando a Menopausa com a Nutrição

Alguns suplementos melhoram os fogachos e outros sintomas climatéricos de muitas mulheres. Entre esses citamos o cálcio e as vitaminas B, C e E. A vitamina B6 é utilizada para aliviar a tensão, a depressão e a fadiga e para reduzir a retenção de água, diminuindo o edema (inchaço). Entretanto, em algumas mulheres, ela pode causar tonturas e vômitos. Embora esses suplementos nutritivos sejam inofensivos, devemos enfatizar que eles só devem ser ingeridos sob orientação médica. Todos os suplementos são potencialmente tóxicos quando tomados em dosagens excessivas ou inadequadas.

Resumo

Não é fácil mudar os hábitos alimentares de toda uma vida. Mas é essencial adaptar os hábitos alimentares à medida que se envelhece. Os especialistas em nutrição recomendam basicamente o seguinte:

— Adotar uma dieta muito bem balanceada, variada, dos quatro grupos de alimentos.

— Após os 40 anos, aumentar o cálcio da dieta na pré-menopausa; recomenda-se a injestão de 1.000g/dia; na pós-menopausa, 1.500g/dia. O hipoestrogenismo nessa fase da vida leva a alteração do balanço de cálcio, por diminuir a absorção e a conservação renal desse mineral.

— Comer pouco sal, açúcar refinado e alimentos em conserva sem calorias.

— Consumir menos quantidade de cafeína.

— Comer pouca carne salgada, carnes defumadas e secas, salames, salsichas e demais embutidos.

— Beber álcool moderadamente.

— Parar de fumar.

— Aumentar a quantidade de alimentos ricos em fibras.

— Cortar as gorduras.

— Fazer uso de suplementos vitamínicos apenas com acompanhamento médico.

Uma mudança na dieta pode trazer entusiasmo por um cardápio que ficará monótono com a repetição. Adaptando-se a novos hábitos alimentares, comer sadiamente é uma mudança agradável, e não uma tarefa aborrecida.

16. Radicais Livres e Medicina Ortomolecular

A vida impõe ao homem moderno uma série de fatores que tornam os radicais livres um problema de muita relevância. Radicais livres são moléculas instáveis, um subproduto de reações químicas componentes do processo da queima de oxigênio. O processo mais fisiológico para a liberação de radicais livres é a respiração; entretanto, outros fatores contribuem para a produção de mais radicais livres no nosso organismo, como agressões ao sistema imunológico, poluição, radiações ionizantes, infravermelhas e ultravioletas, fumo, álcool e o metabolismo de certas substâncias tóxicas. Portanto, podemos afirmar que, do ponto de vista dos radicais livres, cada indivíduo, desde o seu nascimento, começa a sofrer um processo de envelhecimento celular, que quanto mais intenso, maior impacto terá sobre o envelhecimento.

Explica-se dessa forma o fato de que cada vez mais a profilaxia do envelhecimento encontra nos radicais livres um dos tratamentos mais eficazes, baseados no conceito de que, quanto mais cedo o indivíduo começar a ingerir substâncias antioxidantes, mais lentamente se dará sobre ele o processo de envelhecimento ao longo dos anos.

Os Radicais Livres e o Câncer

A medicina ainda vive uma polêmica a respeito da relação entre radicais livres e a incidência de muitos tipos de câncer, principalmente do pulmão e da boca. Existem estudos epidemiológicos que demonstram uma clara relação entre a ingestão de substâncias antioxidantes (que combatem os radicais livres) e a diminuição da incidência de muitos tipos de câncer. Estudos mais recentes demonstram que certos estados "pré-cancerígenos" são passíveis de serem estacionados mediante terapia antioxidante. Existem ainda fortes indícios de que os antioxidantes aumentam a atividade do sistema imunológico, particularmente os glóbulos brancos. Podemos ver que os antioxidantes também atuam no combate ao câncer através de uma fonte indireta. Acredita-se que, com o aumento da atividade de fatores necrosantes dos tecidos cancerígenos, as terapias antioxidantes renovam as energias do sistema imunológico para atacar tumores em geral.

Os Radicais Livres e os Distúrbios Cardiovasculares

A corrente sanguínea transporta dois tipos de gorduras (lipoproteínas): as HDL (*high density lipoproteins*) e as LDL (*low density lipoproteins*). Enquanto a HDL possui grande potencial para depositar o colesterol nos vasos sanguíneos, a LDL é a responsável pela sua remoção. A LDL atua como se fosse um peixe de aquário responsável pela limpeza das suas paredes. Similarmente, elas limpam as paredes dos vasos.

O fígado é o encarregado de eliminar dois terços da HDL no sentido de prevenir o organismo quanto aos riscos de distúrbios cardiovasculares. Os radicais livres, substâncias nocivas, modificam as estruturas das LDL, de modo que o fígado não as reconhece, deixando de eliminá-las. Essa LDL modificada pelos radicais livres é altamente tóxica para as células das paredes dos vasos sanguíneos.

Esse processo de alteração da estrutura molecular da LDL pelo radical livre é denominado de "peroxidação", que é sensivelmente inibido pelas vitaminas antioxidantes A, E e C. Estudos demonstram que a vitamina A forma uma barreira inicial contra a peroxidação, enquanto a vitamina C promove a sua regeneração. A vitamina E atua como uma segunda barreira, impedindo a alteração molecular da LDL.

Terapia Ortomolecular

A medicina ortomolecular, uma linha científica que vem ganhando cada vez mais adeptos em nosso meio, baseia-se na ingestão balanceada de substâncias que funcionam como neutralizadoras dos radicais livres, responsáveis pela oxidação e envelhecimento das células. De uma maneira geral, indivíduos que têm uma vida tranqüila, alimentação saudável, morando longe da poluição, têm seus radicais livres neutralizados de forma natural, no metabolismo, até os 40 anos de idade. Entretanto, esse estilo de vida tornou-se praticamente impossível nos nossos dias, e substâncias antioxidantes se fazem necessárias para revitalizar as células desgastadas.

Curiosamente, o oxigênio, um dos itens importantes para a proliferação dos radicais livres, é exatamente o que julgamos ser sinônimo de vida. Entretanto, do oxigênio que entra nas moléculas do corpo, cerca de 95% se transformam em energia, e os outros 5%, em radicais livres. Esses radicais livres, associados a moléculas de metais pesados, como ferro (em excesso), chumbo, mercúrio, cádmio e cobre, causam o "enferrujamento" e a morte das células. Com megadoses de vitaminas, a terapia ortomolecular revitaliza as células e promete retardar o envelhecimento, além de acelerar o processo de cicatrização.

Uma corrente médica entende não haver evidências consistentes de que o envelhecimento possa ser retardado pelos antioxidantes vitamínicos, porém não descarta o papel das vitaminas como antioxidantes.

Principais Radicais Livres e a Atuação de Substâncias Antioxidantes

Alguns dos radicais livres encontrados no nosso corpo são o oxigênio livre, o íon superóxido, a hidroxita, o peróxido de hidrogênio e óxido nítrico.

Radicais Livres	Combatentes
Superóxido 0_2	Zinco, cobre, betacaroteno
Peróxido de hidrogênio H_20_2	É catabolizado (destruído) pelo próprio organismo.
Peróxido Lipídico	Selênio, Vitamina E
Hidróxido	Vitamina C + Bioflavanóide

Vitamina C

É uma substância receptora de oxigênio que inibe a formação de radicais livres logo no início da reação. Em combinação com a vitamina E, aumenta o potencial antioxidante desta, já que tem a capacidade de promover sua regeneração. Atua mais eficazmente fora da célula, devido à sua boa solubilidade em água.

BETACAROTENO

Reage com moléculas de oxigênio altamente energizadas, absorvendo este excesso de energia e dissipando-a para o meio exterior na forma de calor. Ao final da reação, a molécula de betacaroteno está intacta, podendo a mesma molécula anular outros potenciais agentes oxidantes.

VITAMINA E

Tem efeito protetor para o organismo contra os agentes tóxicos, que podem ser criados pelo metabolismo e degradação dos elementos orgânicos.

OLIGOELEMENTOS

O organismo necessita de defesas naturais para o controle dos radicais livres. Duas enzimas exercem importância nesse sentido, sendo que o zinco e o cobre são partes ativas da estrutura molecular de uma delas, enquanto o selênio faz parte da estrutura da outra enzima. Quanto maior o estresse oxidativo (desequilíbrio que provoca o aumento dos radicais livres), maior será a busca do organismo por esses oligoelementos (zinco, cobre e selênio).

SUPLEMENTOS VITAMÍNICOS

Um adulto de porte médio deverá receber uma suplementação vitamínica diária de 400 unidades de vitamina E, um ou dois gramas de vitamina C, 1.000 unidades de betacaroteno e 50 miligramas de selênio. Uma laranja, por exemplo, contém cerca de 300 miligramas de vitamina C. Logo, um adulto deveria consumir 33 laranjas por dia, o que é praticamente inviável.

Algumas vitaminas em excesso são perigosas para a saúde. É o caso das vitaminas A, B, E e K, que, sendo solúveis em óleo, ficam armazenadas no organismo por longos períodos. O consumo excessivo de vitamina A causa queda de cabelo, inchaços nos lábios, pele seca, fortes dores de cabeça, fraqueza geral, visão embaçada, perda de sangue pelo nariz, fadiga e insônia.

A vitamina E é armazenada no organismo em quantidades muito pequenas e é menos tóxica do que a vitamina A. Até mesmo as substâncias solúveis em água, como a vitamina C, quando ingeridas em doses excessivas, causam problemas de saúde, como diarréias, câibras, cálculos e lesões renais. Pelo exposto, deduz-se que as vitaminas só deverão ser usadas como suplementação a uma dieta natural, e após prescrição médica adequada.

O Que as Vitaminas Fazem Para o Organismo

As vitaminas trazem benefícios e riscos para o organismo, portanto devem ser consumidas apenas quando há necessidade e na dosagem adequada, mediante prescrição médica.

Vitamina A

Benefícios — Age sobre a pele, mucosas e os olhos, melhorando a adaptação dos mesmos à pouca luminosidade. Aumenta também a resistência do organismo às infecções.

Riscos — Doses maciças de 50 mil a 100 mil UI (unidades internacionais) por dia, durante longos períodos, podem causar efeitos tóxicos como náuseas e desconforto nas articulações, além de comprometimento da pele e cabelos, como já citamos anteriormente.

Fontes alimentares — A vitamina A pode ser encontrada na gema de ovo, óleo de fígado de peixe, fígado, rim, leite enriquecido e nos vegetais de folhas verde-escuras e amarelas. Também podem ser encontrados na batata-doce, acelga, espinafre e cenoura (uma cenoura crua oferece 11 mil UI).

BETACAROTENO

Benefícios — Quando transformado em vitamina A, o betacaroteno melhora a visão e o sistema imunológico. Também está associado à redução de riscos em certos tipos de câncer.

Não-tóxicos — O betacaroteno não apresenta riscos, pois o organismo o transforma em vitamina A quando se faz necessário.

Melhores fontes — O betacaroteno é comum em frutas, como o pêssego, e em hortaliças, como o brócolis.

VITAMINA C

Benefícios — A vitamina C pode reduzir os danos nos tecidos agindo na degradação celular que acelera o envelhecimento. Mantém a pele sadia e elástica, acelera a consolidação de ferimentos e fraturas, aumenta a resistência do organismo e melhora o fator de utilização do ferro.

Riscos — Doses diárias maciças (10 gramas por dia) podem causar diarréia e náuseas.

Melhores fontes — É encontrada nas frutas cítricas, pimentão verde, brócolis, tomates, batatas, vegetais de folhas verdes, repolho, couve, e também morangos.

VITAMINA E

Benefícios — Trata-se de uma vitamina antioxidante, isto é, protege o organismo contra a deterioração dos tecidos proveniente da ação oxidante do oxigênio. Grandes doses podem proteger o organismo de determinadas doenças cardíacas e certos tipos de câncer. Estudos demonstram a atuação benéfica da vitamina E no tratamento das artrites e de algumas doenças da pele.

A vitamina E protege os glóbulos vermelhos e é considerada por alguns médicos auxiliar no tratamento dos fogachos. Por ser antioxidante, diminui o estresse, favorecendo a sexualidade feminina.

Riscos — Há discordância nesse aspecto. Algumas correntes médicas admitem que a vitamina E não é tóxica, mesmo em grandes doses diárias. Entretanto, existem teorias de que o seu excesso pode causar conseqüências negativas, como o aumento de peso, má digestão, hipertensão arterial (pressão alta), sonolência, perturbação da visão e formação de coágulos sangüíneos no interior dos vasos.

Melhores fontes — A vitamina E é difícil de ser encontrada na alimentação convencional. As melhores fontes naturais são o germe de trigo, o óleo de girassol, grãos integrais, óleos vegetais, ovos, vegetais verdes, feijão, ervilha, nozes e vísceras.

VITAMINA D

Benefícios — A vitamina D parece atuar como agente protetor contra o aparecimento do câncer. Também auxilia o sistema imunológico e na rarefação óssea (osteopenia), e tem muita importância na prevenção e no combate à osteoporose, pois auxilia o organismo a captar o cálcio e o fósforo. Atua positivamente no funcionamento cardíaco e na manutenção do equilíbrio do sistema nervoso.

Riscos — Doses diárias de 1.000UI ou mais podem causar problemas cardíacos.

Melhores fontes — As melhores fontes são as sardinhas enlatadas, que contêm 1.100UI de vitamina D em 98g. Uma xícara de leite enriquecido com vitamina D oferece 1.000UI. É também encontrada na gema do ovo, em laticínios, nas vísceras e nos peixes.

Vitamina B6

Benefícios — Influencia na boa digestão e no bom funcionamento do sistema nervoso. Melhora a utilização das gorduras, carboidratos e proteínas pelo organismo. A vitamina B6 auxilia o sistema imunológico e pode funcionar como redutor da dor em certos casos, como, por exemplo, na síndrome pré-menstrual.

Riscos — Doses diárias de 200mg podem ser tóxicas se ingeridas durante muitos meses.

Melhores fontes — É encontrada no levedo de cerveja, grãos integrais, carnes magras, vísceras, aves, peixes, feijão e ervilhas. Também é encontrada na banana, abacate, grão-de-bico e batatas. Pequenas quantidades estão presentes no espinafre, ervilha verde, nozes e germe de trigo.

Vitamina B12

Benefícios — A vitamina B12 ajuda a manter íntegras as células do organismo e na substituição das mesmas quando se faz necessário. Tem também influência na imunidade do organismo e na coagulação sanguínea.

Riscos — Não foi ainda fixado um limite máximo para a sua dosagem, mas deve-se evitar quantidades muito superiores à dose diária de dois microgramas.

Melhores fontes — As únicas fontes naturais de vitamina B12 são os alimentos de origem animal ou os fermentados. É encontrada em maior quantidade na carne bovina, fígado e mariscos.

Vitamina K

Benefícios — A vitamina K auxilia na coagulação sanguínea e também é importante na formação protéica do osso. Aparentemente a vitamina K pode inibir ou retardar o aparecimento de alguns tipos de câncer.

Riscos — Grandes doses de vitamina K sintéticas podem causar anemia nas crianças. Sua ingestão deve ser restrita apenas às receitas médicas.

Melhores fontes — A vitamina K pode ser encontrada nas hortaliças: brócolis, folhas de nabo e repolho. Menores doses podem ser encontradas nos queijos, gema de ovo, na batata e no pêssego. Também é encontrada nos grãos integrais e laticínios.

Sais Minerais

Cálcio

Benefícios — É essencial para fortalecer os ossos e a dentição. A suplementação alimentar com esse sal mineral é imprescindível para a prevenção e tratamento da osteoporose. O cálcio também atua como dessensibilizante, auxiliando no tratamento das diáteses alérgicas (tendências a reações de fundo alérgico).

Riscos — Altas doses diárias podem causar cálculos renais e náuseas.

Melhores fontes — Leite, queijos e iogurtes são fontes calóricas de cálcio. Também é encontrado nas sardinhas, ostras, abricós secos e pão de trigo integral, porém em menor quantidade.

Selênio

Benefícios — Estudos evidenciam que o selênio pode ajudar a retardar o aparecimento do câncer e a fortalecer o sistema imunológico. A dose diária para as mulheres deverá ser de 55mg.

Riscos — O selênio é tóxico em altas dosagens.

Melhores fontes — Encontrado nas vísceras e frutos do mar. A deficiência de selênio no organismo é muito rara.

Zinco

Benefícios — O zinco pode ajudar a evitar o crescimento de células anormais relacionadas com determinadas doenças. A dose adequada para a mulher é de 12mg por dia.

Riscos — Grandes doses diárias (300mg) podem inibir a reação do sistema imunológico.

Melhores fontes — O zinco pode ser encontrado na carne, nos cereais, pão e ovos. Seis ostras de tamanho médio oferecem 10 vezes mais zinco que a dose diária média necessária.

Ferro

Benefícios — O ferro fortalece os elos químicos no cérebro, auxiliando na memorização. Doses reguladas por prescrição médica auxiliam no sistema imunológico. A dose diária indicada é de 15mg.

Riscos — Alguns estudos vinculam o alto índice de ferro a doenças cardíacas (em adultos).

Melhores fontes — É encontrado no fígado, ostras e carne bovina; também no abricó seco e melaço escuro.

17. Exercícios Físicos

"O exercício físico é o melhor remédio para não envelhecer que já foi inventado."

National Institute of Health

Sem dúvida o exercício físico é o meio mais eficiente para se manter a forma física, deixando a pessoa flexível e bem-disposta. As pessoas que não se exercitam têm flexibilidade, força, resistência e energia menores. Podemos comparar o corpo humano a uma máquina que se não for usada por longo período de tempo não funciona ou deixa de funcionar harmoniosamente.

Quando se chega à meia-idade, o corpo sem preparo funciona com menor eficiência, as articulações "enferrujam", limitando a capacidade de locomoção, levando com isso à obesidade. O coração enfraquece, as artérias entopem, o aparelho digestivo funciona lentamente e os músculos ficam flácidos.

Muitos sintomas que são atribuídos à menopausa e à velhice na verdade são provenientes da falta de exercícios físicos. O mundo moderno, com as maravilhas que a tecnologia nos oferece, como carros, eletrodomésticos e elevadores, colabora terrivelmente para nos fazer perder a musculatura. Nosso descanso é em frente a uma televisão, com o controle remoto na mão, e na grande maioria das vezes comendo ou bebendo alguma coisa. Exercitando-nos regularmente, melhoramos nosso estado de espírito, assim como o ritmo de pulsação cardíaca.

A atividade física, além de relaxante, é também estimulante do bom humor. Estudos demonstram que exercícios regulares são mais eficientes do que as drogas no tratamento de pacientes com depressões moderadas. Várias teorias explicam esses efeitos benéficos, mas o mais simples é o entendimento de que os exercícios promovem um alívio das tensões diárias.

Quando terminamos um exercício físico, temos a sensação de que estamos saudáveis, "leves" e felizes. Isto porque os exercícios alteram as reações químicas do cérebro, que secreta mais endorfinas, substâncias semelhantes às morfinas que aplacam a dor e criam uma sensação de bem-estar. Enquanto nos exercitamos, o fluxo de oxigênio para o cérebro aumenta, causando a sensação de bem-estar. Os exercícios também induzem ao sono mais profundo e reparador, mas não devem ser feitos antes de deitar, pois podem causar euforia e disposição, levando à insônia.

Programas de exercícios regulares exacerbam os sentimentos positivos de realização pessoal e controle sobre nossas vidas. Além disso, a atividade física regular mantém o coração mais forte e bombeia o sangue com mais eficiência. Faz aumentar o nível de HDL, uma lipoproteína que conserva as artérias livres de depósitos de gordura. A longo prazo, reduz os riscos de artérias endurecidas, infartos e ataques cardíacos. Os pulmões se expandem e se contraem mais profundamente e absorvem mais oxigênio por batimento cardíaco. Os exercícios também diminuem a pressão arterial.

Os riscos de se desenvolver osteoporose são reduzidos com a prática esportiva. As pessoas que ficam acamadas por um longo período sofrem rápidas e severas perdas ósseas. As que fazem exercícios regularmente desenvolvem ossos mais fortes e densos que as de vida sedentária.

A atividade física utiliza a gordura excessiva como fonte de combustível e absorve os outros nutrientes, desenvolvendo os tecidos muscular e esquelético. Como as necessidades calóricas declinam após a menopausa, os exercícios físicos são sempre bem-vindos, pois queimam mais calorias.

Ainda como fatores positivos, os exercícios auxiliam na digestão, no funcionamento intestinal, no controle do diabetes, e mantêm os reflexos rápidos até a velhice. A vida sedentária causa tédio e fadiga, mas os exercícios quebram essa corrente magnética. Não há garantia de que os exercícios adicionam anos à sua vida, mas certamente dão muita vida aos anos vividos.

Pelo que foi dito até agora, parece claro que o exercício merece especial consideração no atendimento à mulher na fase do climatério. Associado ao tratamento hormonal e às prescrições de dietas alimentares, a atividade física deve ser encarada como parte relevante para a mulher nessa fase da vida.

Tanto homens como mulheres perdem força muscular com a idade, e a mulher sofre essa perda em idade mais precoce. Ela pode ser retardada e evitada parcialmente com o tratamento hormonal. Através dos exercícios físicos, a mulher melhora a qualidade de vida, mantém sua auto-suficiência, e, conservando a boa aparência física, resgata sua "dignidade" e amor-próprio.

Muitas mulheres procuram programas de exercícios físicos com o objetivo de perder peso. No início, os execícios podem frustrar nesse sentido, pois, apesar de o exercício atuar diminuindo o apetite, e embora haja perda de massa gordurosa, o ganho de massa muscular (fixação de nutrientes pelo corpo todo) com os exercícios pode até se traduzir em ganho de peso.

Nos três primeiros meses de exercícios regulares, há a tendência ao equilíbrio ponderal, e só depois é que haverá a redução de peso. Se o objetivo é perder peso, convém associar aos exercícios uma dieta alimentar hipocalórica.

Como a dieta e exercícios irão produzir efeitos instantâneos, a programação dos exercícios precisa apresentar motivação para que haja uma freqüência constante. Se a atividade física for alegre, divertida e social, o interesse da mulher aumentará. Para que uma programação de atividade física seja adequada, é imprescindível realizar uma avaliação física prévia, de preferência com testes ergométricos também.

Antes de Iniciar os Exercícios

Se a mulher levou uma vida muito sedentária, deverá tomar algumas precauções antes de iniciar os exercícios. Deverá consultar um médico, que fará exames completos para verificar a presença de algumas das seguintes condições:

— problema cardíaco, sopro cardíaco ou ataque cardíaco anterior

— pressão arterial alta controlada, ou até o diagnóstico de pressão arterial alterada

— sintomas diversos, como pressão ou dor no peito, pescoço, ombro ou braço após os exercícios

— falta de ar após exercícios moderados

— problemas nos ossos e articulações

— tonturas ou desmaios freqüentes

— demais condições clínicas que requeiram atuação médica especial, como o diabetes, por exemplo.

Um teste ergométrico, sob orientação médica, deverá ser realizado para se detectar problemas cardíacos potenciais. Eles devem ser feitos de rotina após os 40 anos e em pacientes considerados de risco para as doenças cardíacas, como as fumantes inveteradas, as que têm pressão alta, níveis elevados de colesterol, diabetes, obesidade ou histórico familiar com vários casos de infarto.

Esses ensaios médicos geralmente são feitos em consultório. A mulher é colocada durante 15 minutos em uma esteira rolante, ligada por eletrodos a um aparelho de eletrocardiograma. A esteira geralmente é ajustada, e sua velocidade será intensificada de modo que, ao final, a paciente estará subindo uma leve inclinação. Durante o exame, as mudanças do ritmo cardíaco são marcadas no eletrocardiograma, e mede-se constantemente a pressão sanguínea. Qualquer anormalidade no eletrocardiograma ou variação na pressão arterial é sinal de alerta, assim como também dor no peito, com irradiação para o pescoço, garganta, ombro e braço esquerdos.

São necessárias pelo menos seis semanas para se colocar o corpo em forma. Portanto, deve haver muita perseverança e força de vontade para abandonar velhos hábitos sedentários.

Exercícios Aeróbios

Aeróbia significa "de ar". O exercício aeróbio serve para exercitar realmente o coração e os pulmões, acelerando o ritmo cardíaco, intensificando a respiração e levando mais oxigênio a todas as partes do corpo. Caminhadas, corridas, natação, dança aeróbia, ciclismo, bicicleta ergométrica, esteira e esqui pertencem a essa categoria. Eles devem ser realizados durante um mínimo de 30 minutos (sem intervalo para não interromper o ciclo aeróbio), três vezes por semana. É necessário pelo menos esse ritmo para se manter a forma.

Deve-se fazer cinco minutos de aquecimento antes de se iniciar os exercícios e cinco minutos de resfriamento depois. As formas anaeróbias de exercício não exigem tanto oxigênio. Desenvolvem os músculos, mas não melhoram as condições físicas gerais. Um exemplo desse exercício é o levantamento de peso ou a musculação.

Deve-se escolher uma atividade aeróbia que se adapte melhor ao estilo de vida de cada um.

Andar

Andar é o melhor exercício para quem pretende iniciar uma atividade física. Andar não exige habilidade atlética e não força as articulações. Feito adequadamente, em ritmo acelerado, balançando os braços (o que exercita o coração), é um excelente condicionador cardiovascular.

Gasta-se a mesma quantidade de calorias andando um quilômetro ou correndo essa mesma distância. Entretanto, andar traz pouco benefício para a parte superior do corpo e deve-se complementar com outro tipo de exercício.

Correr

É um bom exercício como condicionador cardiovascular. Mas, quando se é sedentário, necessita-se de muita paciência e controle para a correta adaptação ao exercício. Assim como andar, correr também não melhora as condições da parte superior do corpo.

Nadar

A natação é considerada um exercício quase perfeito, pois diminui os riscos de lesões nas articulações devido à anulação da força da gravidade. Proporciona condições cardiovasculares adequadas, desde que praticada corretamente, e desenvolve todos os principais músculos do corpo, principalmente a musculatura dos ombros, peito, costas, braços e coxas.

Para os mais idosos, é o exercício ideal, pois não causa tensões nos ossos, juntas e músculos. É indicado também para os que têm problemas nas articulações. Não auxilia na manutenção de ossos fortes, e por isso é desaconselhada como exercício único para as mulheres portadoras de osteoporose.

A natação dever ser alternada com caminhadas, ciclismo ou exercícios de carregar peso, o que ajuda a reduzir a probabilidade de osteoporose.

Bicicleta

O ciclismo é um bom exercício cardiovascular, e também requer pouca habilidade atlética. Desde que seja utilizada uma velocidade constante, sem parar de pedalar, para que a freqüência cardíaca se mantenha em equilíbrio. Deve-se preferencialmente pedalar em circuitos planos, alterando-o de acordo com a condição física.

Tênis

O tênis, por ter muitas paradas, não acarreta condições aeróbias adequadas para a maior parte das pessoas. Precisa ser complementado por um programa regular de exercícios aeróbios. Entretanto, os que se exercitam no paredão, mantendo por um longo tempo a bola em jogo, conseguem bom condicionamento.

Dança Aeróbia

É a preferida pelos que "curtem" a música. Dão maior fortalecimento muscular tanto à parte inferior como à superior do corpo. Provoca movimentos de agilidade, flexibilidade e coordenação motora. É ótima para determinado tipo de pessoas, pois associa a alegria de dançar aos benefícios do exercício. Deve-se tomar cuidado para não confundir com a ginástica aeróbia (que é contra-indicada nessa faixa etária).

Corda

Esse exercício deve ser feito apenas quando se está em ótimas condições físicas e livre de problemas articulares, escoliose e lordose da coluna vertebral. É bom parar em intervalos de cinco minutos e andar até recomeçar, pois esse exercício acelera muito o ritmo cardíaco.

Squash, *Handebol, Frescobol e Peteca*

Essas atividades só conferem condicionamento cardiovascular se forem realizadas por períodos continuados de mais de 30 minutos, em ritmo constante e programado. Entretanto, são exercícios cansativos para os principiantes.

Esqui

É um excelente exercício aeróbio, mas, como só pode ser praticado em uma determinada época do ano, deve fazer parte de um programa anual contínuo.

Patinação

É um bom condicionador, mas exige habilidade e constância no exercício por um período de 20 a 30 minutos. Entretanto, deve ser evitado devido ao risco de entorses e fraturas.

Orientação para os Exercícios

1. Iniciar Devagar e Intensificar Gradualmente

Constância e aumento moderado na freqüência dos exercícios são os dois itens-chave de um bom condicionamento físico. O comum é que, ao se iniciar um condicionamento, haja uma tendência ao exagero, seguido de cansaço rápido e desistência.

Deve-se aumentar gradativamente a intensidade e a duração dos exercícios. Quando não se está em boa forma física, apenas 10 minutos de marcha forçada já são suficientes no início. A cada semana deve-se acrescentar alguns minutos até alcançar os quarenta minutos ideais.

Deve-se começar cada sessão com uma marcha lenta e gradativamente ir forçando, andar e correr alternadamente, chegando aos poucos a correr o tempo todo.

Esse recurso também é aplicado à natação. Deve-se começar aos poucos e ir aumentando gradativamente o número de travessias da piscina. Nadar de peito é menos cansativo do que o *crawl,* e pode-se alternar as duas modalidades.

2. Exercitar-se Dentro de um Batimento Cardíaco Seguro

O exercício aeróbio deverá ser dosado, de maneira a não ser exagerado, para não aumentar em muito os batimentos cardíacos. Também não deve ser tão insuficiente que não consiga elevar adequadamente a pulsação. Deve-se procurar atingir 60 a 70 por cento do batimento cardíaco máximo. Esta é a pulsação ideal, que é calculada subtraindo-se a idade de 220 e multiplicando-se por 0,60 ou 0,70, dependendo do processo do programa de exercício.

Para uma mulher de 40 anos, a pulsação-meta será:

220 - 40 = 180 (pulsação máxima)
180 x 0,60 = 108 (pulsação-meta)

Para determinar essa pulsação meta, deve-se tomar o pulso assim que parar o exercício, anotando as batidas cardíacas por um período de 20 segundos, chamando a primeira de zero. Multiplique esse valor por seis. Se está abaixo da meta, você deve se empenhar um pouco mais nos exercícios e, se acima, deve diminuir o esforço. A pulsação-meta deverá ser aumentada gradativamente ao longo dos meses. Quando se atinge uma excelente forma física e se vem exercitando há mais de seis meses, pode-se chegar à meta de 85 por cento. No entanto, não é necessário esse padrão para se manter um bom condicionamento físico.

3. Não Negligenciar o Aquecimento e o Resfriamento

Os cinco minutos de aquecimento antes do início do exercício dão ao coração e aos músculos condições de se adaptarem aos níveis crescentes de atividade. Aumentam o fluxo de sangue dos músculos e dos tecidos próximos (ligamentos e articulações), evitando-lhes danos. Os músculos aquecidos têm menor probabilidade de se distenderem e apresentam menor dolorimento após o exercício. São necessários, depois, no mínimo cinco minutos de resfriamento para levar o corpo a uma condição de repouso. Quando se interrompe bruscamente o exercício, o sangue tende a se acumular nas pernas. A pressão arterial poderá cair, causando tonturas e até desmaio, e em casos extremos pode ocorrer até um infarto do miocárdio.

A diminuição gradativa do exercício mantém os músculos das pernas em contração, o que propicia o retorno do sangue ao coração.

Para andar ou correr, deve-se alongar e movimentar os músculos das pernas. Os nadadores, que utilizam todos os principais músculos, devem fazer alongamentos e movimentos em todo o corpo, incluindo pernas, braços, ombros e cintura.

O alongamento deve ser feito suavemente, mantido por um período de 15 a 30 segundos cada um, sem movimentos bruscos, até experimentar uma leve sensação de desconforto na extensão do músculo; então, deve-se desfazê-lo lentamente. Deve-se repetir cada exercício, acelerar gradativamente o nível de atividade e encerrar a sessão com outro conjunto de alongamento.

4. Sinais de Alerta

O corpo avisa quando está sendo exercitado em demasia. Deve-se parar o exercício assim que sentir náuseas, tontura ou muita fadiga, e até mesmo dificuldade para respirar. Poderão ocorrer também cãibras fortes, palidez e dor no peito ou em qualquer outra parte. Todos esses sintomas e sinais são um alerta para suspender imediatamente a atividade física, mas nunca de forma brusca.

Deve-se ficar agradavelmente cansada após cada sessão, mas não exausta por todo o dia. É comum sentir-se revigorada depois de uma hora do término do exercício.

Dores musculares poderão ocorrer nas primeiras semanas, caso os músculos estejam inativos por muito tempo. Esse problema é diminuído com o aquecimento, alongamento e resfriamento adequados. Bolsas de água quente e banhos mornos amenizam o desconforto temporário, assim como também o uso de aspirina nas dores excessivas.

5. *Beber Muito Líquido*

Deve-se ingerir líquido antes e depois dos exercícios para manter o corpo sempre bem hidratado, principalmente nos climas quente e úmido. Se o ar está saturado de umidade, a transpiração não consegue se evaporar e resfriar o corpo como deveria.

Não é aconselhável fazer exercícios longos ou intensos a uma temperatura acima de 28 graus ou umidade relativa do ar maior do que 60 por cento.

Deve-se preferir horários em que o sol esteja mais fraco (de manhã ou ao entardecer). Em dias muito quentes, deve-se ingerir água também durante os exercícios.

6. *Horário Semanal de Exercícios*

Os exercícios não devem fazer parte da rotina dos seus dias ao acaso, senão ao primeiro pretexto eles serão abandonados. A saúde é uma das prioridades da nossa vida, e 30 minutos não são muito tempo para se dedicar a ela em um dia de 16 horas úteis.

A autodisciplina adquirida através dos exercícios passará a influenciar em outras esferas da vida de uma pessoa.

7. Não Perder o Estímulo

Se o corpo ficou inativo por décadas, não se consegue um sucesso imediato com os exercícios. Nas primeiras seis ou 10 semanas, não aparecerão resultados sensíveis. Com o passar do tempo, vem a adaptação, e pode-se executar os exercícios por períodos mais longos sem se fatigar.

Não se deve vangloriar e dormir sobre os louros do que foi conseguido. Os benefícios do exercício não podem ser acumulados. Para manter um bom preparo físico e cardiovascular, é necessária uma atividade contínua. Bastam duas ou três semanas de paralisação para se perder todos os benefícios tão arduamente conquistados.

18. Higiene

Em condições normais, a vagina é povoada por uma grande variedade de microrganismos, entre eles alguns perigosos, como o *Staphylococcus aureus*, a *Escherichia colli*, o *Trichomonas vaginalis* e a *Candida albicans*.

O *Staphylococcus* pode provocar desde abscessos nas regiões genitais femininas externas até uma contaminação bacteriana por todo o sangue. A *Escherichia colli* é encontrada normalmente no intestino, mas pode, devido à proximidade do orifício da entrada da vagina e uretra, associada a higiene deficiente após a evacuação, contaminar o aparelho genital da mulher.

A vagina possui um verdadeiro exército de defesa do seu meio ambiente, constituído pelos bacilos de Döderlein. Estes bacilos mantêm a vagina levemente ácida, dificultando a proliferação dos microrganismos maléficos que preferem os ambientes vaginais com menor acidez. Se a vagina não tivesse esses lactobacilos defensores, ela seria um excelente meio de cultura, perfeito para numerosas infecções, pois as bactérias, os fungos e os protozoários adoram açúcar. Esse açúcar provém normalmente das células da parede vaginal, e os bacilos de Döderlein quebram essa doçura, dando a acidez ideal de defesa.

Outro mecanismo de defesa vaginal é o muco cervical, que tem a função de "limpar" a vagina das descamações celulares. No período pré e pós-menopausa, essa secreção, devido à deficiência hormonal, diminui em quantidade, alterando também a flora vaginal. O muco, que também tem a função de umedecer e lubrificar as paredes vaginais, quando em menor quantidade, deixa a vagina ressequida, causando à mulher desconforto e dor na relação sexual.

As lavagens vaginais, comumente constantes, são contraindicadas em todos os períodos de vida da mulher, pois mudam o "ecossistema" da vagina. Na menopausa, essas lavagens serão ainda mais prejudiciais, pois a mucosa vaginal já se encontra comprometida pela queda hormonal.

Quando existirem microrganismos indesejados, o médico deverá então receitar as lavagens vaginais adequadas para o controle da acidez vaginal.

Sexo e Higiene Íntima

O material ejaculado no interior do corpo feminino pode permanecer lá por até dez horas sem causar qualquer problema. Portanto, não há necessidade de se fazer uma higiene imediatamente após o ato sexual. Muitas vezes, esse imediatismo quebra o enlevo entre o casal, que poderá, após a ejaculação, desfrutar de momentos de intimidade afetiva. Mas, do ponto de vista da higiene, é aconselhável não esperar muito.

Desodorantes Íntimos

Produtos de higiene íntima feminina, sabonetes, banhos de espuma e talcos normalmente são os maiores causadores de desequilíbrio da flora vaginal. Todos esses fatores, associados à carência hormonal, são capazes de implodir o ecossistema vaginal. Lavagens vaginais, além de desestruturarem a defesa vaginal, podem causar alergia, ressecamento e irritação. Todos esses sintomas são exacerbados no período da menopausa, devido à queda estrogênica.

Mesmo a água pura modifica a acidez local, rompendo o mecanismo de defesa vaginal, e microrganismos nocivos poderão ser conduzidos para dentro da cavidade interna. Logo, deve-se fazer a lavagem vaginal raramente, e, quando for indicada por um médico, deverá ser feita com água fervida ou filtrada.

Sabe-se que o sangue menstrual exerce um mecanismo de defesa vaginal; na menopausa esse fator estará ausente, associado à "secura" e irritação vaginal decorrentes das alterações que a mucosa vaginal sofre com a privação hormonal. Os cremes vaginais à base de estrogênios são de grande importância na defesa e controle da flora vaginal.

Recomenda-se que a higiene íntima diária seja feita apenas lavando-se os genitais externos com água e sabão neutro. As calcinhas deverão ser de algodão ou de náilon com forro de algodão, pois os tecidos sintéticos impedem a "respiração". A mucosa vaginal normalmente flui para fora da vagina. Essa secreção, quando não evaporada, irá aumentar a umidade local, criando um meio de cultura favorável à proliferação de germes.

A limpeza da área vaginal deve ser feita sempre separadamente, usando-se um papel para a urina e outro para a evacuação. O ideal será sempre lavar-se com água pura após o ato, mas, na impossibilidade, convém passar no local um papel embebido em água.

É bom ressaltar que a vagina possui uma secreção normal, quase imperceptível: o muco cervical. O mesmo é incolor ou branco turvo, sem odor, que umedece a região. Esse muco diminui muito ou desaparece no período perimenopausal, facilitando o aparecimento de coceira, queimação e inchaço, levando muitas vezes ao aparecimento de corrimentos. Existem quatro situações normais em que existe aumento dessa secreção: pouco antes da menstruação, na excitação sexual, no período da ovulação e logo após os partos.

Fundamental para a higiene é o banho de corpo inteiro. Devem ser feitos com sabonetes neutros, e a mulher deve banhar-se no mínimo uma vez ao dia. Durante o período menstrual, esse número deverá ser maior, e pode-se lavar os cabelos à vontade. Não haverá, como afirmam certas crendices populares, a possibilidade de o sangue menstrual "subir para a cabeça" e levar a mulher precocemente à menopausa.

Deve-se trocar os absorventes a cada três horas, assim como os tampões vaginais, de acordo com a necessidade. A higiene interna nessa época deverá também obedecer ao esquema anteriormente aconselhado.

Num país tropical, a freqüência em piscinas e praias é uma constante. Após cada ida à piscina ou à praia, deve-se banhar de corpo inteiro e não recolocar o maiô úmido. Deve-se lavar os maiôs com água e sabão e secá-los ao sol, para eliminar os germes em resíduos invisíveis que às vezes transmitem doenças.

A alimentação também é muito importante. Deve-se ingerir muito líquido para hidratar-se e manter a secreção de defesa vaginal.

A queda de estrogênio no climatério e menopausa aumenta o nível de progesterona, que irá "quebrar" a defesa vaginal. Esse fenômeno também ocorre dias antes da menstruação, durante a gravidez, no diabetes, com o uso de pílulas anticoncepcionais e no abuso das lavagens vaginais. O microrganismo que mais se aproveita dessas ocasiões é a *Candida albicans,* provocando um corrimento branco leitoso, coceira intensa e dor ao urinar.

Entre tantos métodos para se combater esse fungo, a hormonioterapia estrogênica local é de grande valia na prevenção.

As vestimentas deverão ser, de preferência, de algodão, evitando-se o uso de tecidos sintéticos, que dificultam a transpiração. Usar peças superpostas será de grande valia, pois elas podem ser tiradas e recolocadas à medida que os sintomas das ondas de calor são substituídos pelos de frio. Esse tema foi amplamente enfocado no Capítulo 5.

19. Osteoporose

A osteoporose tem ocupado um papel de destaque nas últimas décadas devido ao crescimento da população idosa. A vida média da população mundial está aumentando, e as estatísticas prevêem que na virada do século aproximadamente 30 milhões de pessoas terão mais de 65 anos de idade no Brasil.

Talvez a conseqüência mais grave dessa longevidade para a mulher seja a osteoporose que se instala após a menopausa. O aumento da expectativa de vida da população feminina mundial alerta para uma perspectiva preocupante de agravamento do quadro de fraturas ósseas provocado pela osteoporose no período pós-menopausa.

Estatísticas demonstram que 50% das mulheres das raças branca e amarela apresentam alguma fratura aos 70 anos de idade. Diante desse quadro, o importante é investir na prevenção da osteoporose, uma vez que essa doença é difícil de ser curada.

Contribui para o agravamento do quadro a falta de informação sobre o assunto não só dos médicos como da população em geral. Sabe-se que a terapia de reposição hormonal pode prevenir o início da osteoporose e reverter a perda óssea. Entretanto, por falta de informação, a TRH não é receitada por grande parte dos médicos brasileiros.

A osteoporose, em termos de custo, mortalidade e morbidade, deve ser considerada uma enfermidade com importante repercussão na saúde pública, por se tratar da maior causa de fraturas em idosos. Até pouco tempo a osteoporose era aceita com resignação como uma doença não-tratável, uma conseqüência inevitável da idade; agora, passa a ter um novo enfoque e alento de cura e prevenção.

A osteoporose piora em muito a qualidade de vida, elevando a mortalidade na faixa etária dos 50 aos 70 anos. Estatísticas demonstram que 15% das mulheres morrem nos três primeiros meses após uma fratura do fêmur, e 30%, até seis meses após.

A prevenção deve ser iniciada o mais precocemente possível nas mulheres que apresentam "fatores de risco", para desenvolver a doença, e na peri e pós-menopausa imediata na maioria das mulheres.

Osteopenia x Osteoporose

O termo osteopenia indica redução da densidade óssea, que pode ser constatada através de estudos radiológicos e também da medida da massa óssea. Oitenta por cento dos pacientes com osteopenia evoluem para osteoporose, e 20% virão a apresentar outras doenças metabólicas.

OSTEOPOROSE — Quando ocorre a osteopenia e a perda óssea atinge 30%, já está caracterizada a osteoporose. Logo, a osteoporose é uma doença que se manifesta pela diminuição da massa óssea, levando ao aumento da fragilidade do osso. Trata-se de uma doença silenciosa, em que a fratura pode ser a primeira manifestação. Em alguns casos, quando é feito o seu diagnóstico, ela já poderá estar em estado avançado e com poucas possibilidades de tratamento.

O osso é formado de duas partes: a externa, chamada de cortical, que é o osso compacto; e uma interna porosa, semelhante a um favo de mel, que é o osso trabecular. Na osteoporose ocorre um aumento da porosidade do osso trabecular. As traves (trabéculas) dessa parte do osso, assim como também a espessura da camada externa, ficam mais delgadas. Esse mecanismo altera a integridade de todo o esqueleto ósseo, e há em conseqüência aumento do número de fraturas.

A massa óssea é formada até os 30-35 anos de idade e sofre a influência de fatores genéticos, nutricionais, mecânicos, hábitos de vida e determinadas doenças.

A perda óssea natural se instala com o decorrer da idade, em todos os locais do esqueleto, independentemente de raça, sexo ou cultura. Entretanto, o padrão de perda difere significativamente entre homens e mulheres, havendo uma aceleração do processo na pós-menopausa.

Na menopausa ocorre aumento no processo de perda da massa óssea, devido à baixa do nível do estrogênio. Esse é o motivo pelo qual as mulheres apresentam uma incidência maior de osteoporose do que os homens.

Para cada homem portador de osteoporose temos cinco mulheres acometidas pela doença. Um outro efeito muito importante da menopausa é a inibição do hormônio do crescimento, um dos fatores fundamentais para o aparecimento da osteoporose.

Quadro Clínico

A osteoporose é rotulada como "doença silenciosa" ou "doença traiçoeira" por não apresentar inicialmente nenhum tipo de sintoma. As primeiras manifestações clínicas ocorrem quando já houve a perda de 30 a 40 por cento de massa óssea.

Uma vez que a osteoporose não apresenta sintomatologia logo no seu início, convém que o diagnóstico seja feito através da pesquisa baseada nos fatores de risco. Cabe ao médico, através da história clínica, suspeitar que se trata de uma paciente de risco, e solicitar os exames adequados para a feitura do diagnóstico.

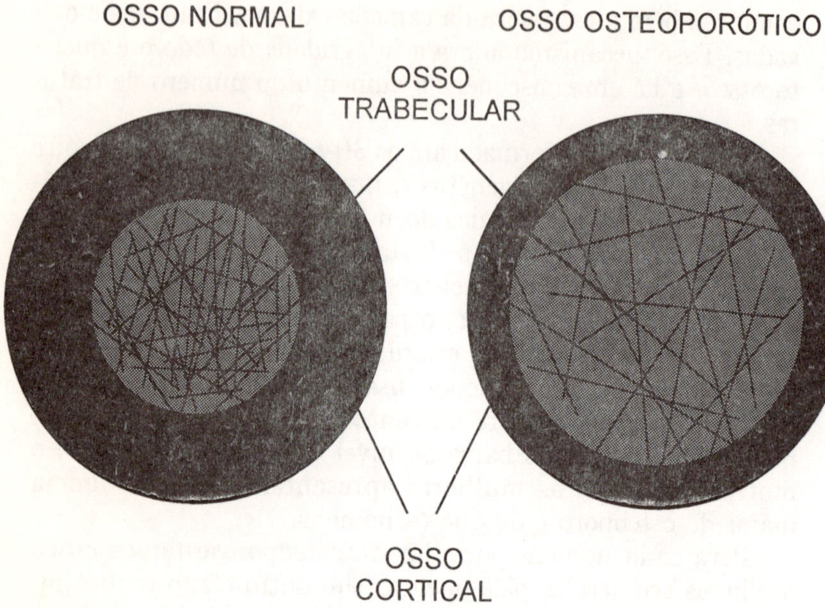

VERIFICA-SE A MENOR ESPESSURA E A MAIOR POROSIDADE NO OSSO OSTEOPORÓTICO.

Quando ocorre a perda excessiva de massa óssea (acima de 40%), já se instalam os principais sintomas da osteoporose: dores generalizadas, diminuição da estatura e fraturas ósseas após traumas leves e moderados. Inicialmente podem ocorrer dores superficiais nas costas ou na região lombar. A dor pode começar pela manhã, ao se levantar, e permanecer por vários dias, ou então pode aparecer após esforços leves ou discretos traumas.

A perda da estatura é decorrente do achatamento das vértebras porosas. A osteoporose localiza-se, por ordem de freqüência, nas vértebras, punho, ombro e colo do fêmur (osso da perna que se articula na bacia óssea). Alguns sintomas como nervosismo, fraqueza generalizada e cansaço durante a marcha podem aparecer com freqüência. Enfim, a osteoporose, durante a sua evolução, pode ser extremamente dolorosa e desfigurante, alterando a postura, incapacitando e podendo até levar à morte.

FRATURAS

As fraturas são manifestações típicas da osteoporose. As mais comuns são: do colo do fêmur, da coluna e do punho, mas todos os ossos são sujeitos a fraturas.

A fratura do colo do fêmur é a mais grave manifestação de osteoporose. De 5 a 20% das vítimas desse tipo de fratura falecerão no mesmo ano em que ocorrer o evento, e cerca de 50% das sobreviventes ficarão permanentemente incapacitadas pelas conseqüências. As fraturas da coluna causam dores crônicas, deformidade e incapacidade a longo prazo.

As fraturas de quadril e punho geralmente ocorrem depois de quedas, incluindo escorregão e tropeções. De cada sete mulheres, uma sofrerá fraturas de punho ou de quadril. As fraturas de quadril são as mais graves. Uma em cada quatro vítimas nunca mais voltará a andar sem auxílio. Uma em cada quatro mulheres tem pelo menos uma fratura vertebral antes dos 60 anos.

As fraturas de punho acontecem com freqüência quando a mulher estica os braços para se proteger de uma queda. Essas fraturas são 10 vezes mais freqüentes entre mulheres de 50 anos do que entre os homens.

As fraturas são mais freqüentes entre as raças branca e asiática, e menos entre os negros. Pelo fato de a expectativa de vida ter-se ampliado, prevê-se um aumento três vezes maior do número de fraturas osteoporóticas nos próximos 60 anos.

Exames Clínicos

1. **Dosagens Sanguíneas** — São importantes as dosagens de cálcio e fósforo, a fosfatase alcalina e a creatinina sérica. Freqüentemente esses exames apresentam-se dentro dos padrões normais, ou apenas discretamente alterados.

2. **Dosagens na Urina** — Deve-se solicitar a dosagem de cálcio na urina de 24 horas (calciúria), da creatinina e hidroxiprolina. Também esses exames podem apresentar-se normais ou discretamente alterados. Na osteoporose avançada esses índices, assim como também as dosagens sanguíneas, estarão alterados.

3. **Diagnóstico Radiológico** — Quando a perda óssea atingiu os 30 a 40%, a osteoporose já pode ser detectada radiologicamente. Na coluna, pode-se visualizar diminuição da densidade óssea, alteração da forma das vértebras e das traves ósseas do osso trabecular. No fêmur, quanto maior for a descalcificação óssea, mais separadas e esparsas ficarão as traves ósseas. Nas mãos observa-se também o adelgaçamento dos ossos ao nível dos punhos.

Os exames radiológicos são pouco acurados para o diagnóstico precoce e para o acompanhamento terapêutico, uma vez que têm baixa sensibilidade e não são específicos para esse fim. Além do mais, existem dificuldades técnicas que confundem o diagnóstico.

4. **Medida da Massa Óssea (densitometria)** — A medida da densidade óssea, a densitometria, é a melhor maneira de se dosar a densidade mineral óssea. É um método de alta sensibilidade, podendo ser repetido a intervalos de seis a 12 meses, pois não causa malefício ao organismo humano. A densitometria mede a massa óssea da coluna, do fêmur e de todo o corpo, com um bom nível de precisão, em que perdas ósseas ao redor de seis a oito por cento já podem ser detectadas.

5. Interpretação da Densitometria — A medida da massa óssea é o melhor índice para se avaliar o risco de fratura óssea. O método empregado numa densitometria óssea utiliza como fonte os raios X, de baixa intensidade, dando o resultado da Densidade Mineral Óssea (DMO) em g/cm^2. Esse exame apresentará um gráfico cujas faixas coloridas representam um desvio-padrão, e a queda de cada faixa significa a redução de 10% da massa óssea e um risco aumentado de duas vezes para fratura de vértebras e três para o colo do fêmur.

Existe um parâmetro de interpretação para a Densitometria Mineral Óssea (DMO) relacionada ao Desvio-padrão (DP).

DMO	DP
Normal	abaixo de 1 DP
Osteopenia	quando houver perda óssea de 1 até 2,5 DP.
Osteoporose	acima de 2,5 DP.
Osteoporose grave	acima de 2,5 DP e com presença de fratura.

Em termos numéricos de BMD, 0,9g/cm^2 para a coluna e 0,75g/cm^2 para o fêmur significam osteopenia. O exame deve ser repetido anualmente, para comparação, e está indicado apenas nas seguintes situações: pacientes do grupo de risco, hipoestrogenismo, pacientes com anormalidades e osteopenia aos raios X cervicais, e demais circunstâncias clínicas como o diabetes, hipertireoidismo, uso crônico de corticóides e anticonvulsivantes. A densitometria auxilia na opção terapêutica, doses e tempo do tratamento.

6. Tomografia Computadorizada — Este exame se presta à medição da densidade óssea das trabéculas das vértebras. É um método de boa precisão, mas apresenta alta radiatividade. Apesar de ser um método sensível, seu uso é muito restrito por ser muito caro.

Causas e Fatores de Risco da Osteoporose

Alguns fatores podem influenciar a maior incidência de osteoporose. Alguns deles são inevitáveis, pois são características intrínsecas da mulher. Outros são fatores aceleradores, que dependem dos hábitos de vida e da alimentação. Da mesma forma, algumas doenças, como também o uso de determinados medicamentos, podem funcionar como fatores desencadeantes de uma osteoporose secundária.

A prevenção é possível desde que se identifiquem as pacientes predispostas a desenvolver osteoporose, cabendo ao médico a investigação desses fatores de risco, impedindo que a perda natural da massa óssea evolua para osteoporose.

Fatores

1. Hereditariedade — Parece haver um fator hereditário que determina a porosidade óssea após os 45 anos. Isso explica o fato de a osteoporose ser uma doença de família. Quando a avó, tia, mãe ou irmã de uma mulher têm osteoporose, as possibilidades de a mesma desenvolver essa doença é maior do que se não houvesse os casos na família. Logo, a carga genética exerce uma influência importante sobre a massa óssea.

2. Raça e Estrutura Corporal — As mulheres de pele clara, principalmente as loiras, ruivas e ocidentais, têm maiores chances de desenvolver a osteoporose. As de pequeno porte e pouco peso possuem maior facilidade de contrair a doença. Entretanto, estudos demonstram que a obesidade, que por muito tempo foi tida como fator de proteção, atualmente é destacada como fator de risco.

3. Menopausa Natural ou Cirúrgica — Em qualquer época da vida, quando ocorre a parada da produção dos hormônios pelos ovários, as mulheres começam a perder massa óssea. Portanto, quanto mais precoce for a menopausa, maior será o risco de se contrair a doença.

A menopausa, quando ocorre naturalmente, pode causar osteoporose em 25% das mulheres. Na menopausa precoce, que se instala antes dos 40 anos, seja ela natural ou cirúrgica, a freqüência da osteoporose se torna duas vezes maior.

4. Nutrição Inadequada — O osso é o depósito natural do cálcio. Se desde a infância não houver uma boa ingestão de alimentos ricos em cálcio, haverá menor formação de massa óssea. Após os 40 anos, com a baixa dos estrogênios, haverá menor absorção do cálcio alimentar. Nessa faixa etária se fazem necessárias dietas ricas em leite e derivados. Apesar de uma dieta adequada, pode-se tomar um suplemento diário de cálcio para se atingir a dose diária ideal.

Segue abaixo uma lista de alimentos e de quantidade de cálcio em cada porção:

ALIMENTOS	CÁLCIO (mg)
LATICÍNIOS	
1 xícara de leite integral	291
1 xícara de leite desnatado	302
1 xícara de iogurte simples	415
1 xícara de ricota	154
30g de queijo suíço	272
1 xícara de sorvete de leite	176

CARNES

8 ostras cruas	113
100g de salmão rosa	167
100g de sardinhas enlatadas com espinhos	372
100g de camarão	90
1 xícara de feijão cozido	90

VEGETAIS

1 xícara de acelga	252
1 xícara de brócolis	136
1 xícara de couve-manteiga	206
1 xícara de couve tronchuda	358
1 xícara de folhas de espinafre	167

FRUTAS

laranja, tangerina, morango

LEGUMES

todos

A ingestão média de cálcio na dieta das mulheres ocidentais está em torno de 500 a 600mg/dia. Esta média está muito abaixo da recomendada, ou seja, 800mg/dia. Após a menopausa, esta quantidade deve ser aumentada para 1.000 a 1.200mg/dia.

Algumas dietas muito ricas em proteínas, fibras e sódio e com excesso de alimentos acidificados podem funcionar como fatores aceleradores da osteoporose. O excesso de cafeína também se enquadra nesses fatores.

5. Sedentarismo — Com o passar dos anos, o ser humano diminui suas atividades físicas de uma forma gradativa e natural. Existe uma dificuldade para se avaliar a importância da atividade física sobre a massa óssea, mas é notório que a mulher com pouca atividade tem maior risco de contrair a osteoporose. Os exercícios, principalmente os que atuam contra a gravidade, diminuem ou evitam a perda óssea.

Resumindo, a inatividade natural ou forçada (nos casos de fraturas e acamação) leva a uma intensa e rápida perda óssea.

6. Fumo — As mulheres devem ser estimuladas a deixar totalmente o hábito de fumar após a menopausa. Sabe-se que a nicotina acelera o metabolismo dos hormônios, impedindo a circulação dos mesmos para a proteção óssea. A nicotina, por diminuir os níveis de estrogênios, comumente conduz a uma menopausa precoce.

7. Alcoolismo — As bebidas alcoólicas devem ser ingeridas apenas em doses moderadas, pois aparentemente o álcool tem ação tóxica direta sobre as células ósseas. Além disso, provoca uma deficiência nutricional pela má absorção. Estudos recentes comprovam que doses aumentadas de álcool estão relacionadas à diminuição da massa óssea.

8. Doenças — Algumas doenças fazem aumentar a perda óssea. Entre elas destacamos as disfunções da tireóide e supra-renal, a artrite reumatóide, doenças renais crônicas e alterações do aparelho gastrintestinal (que conduzem à síndrome de má absorção), assim como também o diabetes.

9. **Drogas** — Alguns medicamentos como os antiácidos com alumínio, os anticonvulsivantes, sedativos, a cortisona e seus derivados e o hormônio da tireóide (usado em fórmulas para emagrecer) podem ser associados ao desencadeamento da osteoporose.

Osteoporose no Homem

Os homens apresentam muitas vantagens protetoras em relação à osteoporose, que não são verificadas nas mulheres. O hormônio masculino, a testosterona, protege os ossos dos homens, assim como o estrogênio os das mulheres. Entretanto, o homem tem um declínio muito lento dos níveis da testosterona, muito diferente das rápidas flutuações hormonais que a mulher experimenta na menopausa. Além disso, os homens têm ossos mais pesados e mais densos do que as mulheres, o que protege contra um prejuízo muito grande quando ocorre a perda de estrutura óssea natural com o avançar da idade. Em geral, os homens praticam mais esportes, o que favorece a reconstituição dos ossos. Além disso, executam trabalhos mais pesados que as mulheres, e essa atividade física aumentada facilita a constituição de massa óssea.

A dieta alimentar também auxilia a reforçar o crescimento ósseo. Geralmente os homens comem mais e têm mais oportunidade de ingerir cálcio e outros minerais que entram na estrutura óssea. Também não fazem tanto regime para emagrecer, pobres em cálcio e outros minerais nutrientes, como as mulheres.

Para cada cinco mulheres osteoporóticas apenas um homem é portador da doença. Apesar de a osteoporose atingir mais as mulheres, um terço das fraturas do colo do fêmur ocorre em homens.

Sabe-se pouco sobre os fatores de risco da osteoporose no homem. A osteoporose que ocorre na meia-idade e nos homens idosos pode estar associada a alcoolismo, fumo, imobilização (acamação e fraturas) e medicamentos.

Quedas e acidentes são fatores que precipitam as fraturas em geral, principalmente do fêmur. Sabe-se que a queda no idoso pode ser motivada por várias causas que perturbam o equilíbrio, como o desgaste físico da própria idade, doenças e uso de certos medicamentos.

Entre as moléstias destacam-se o hiperparatireoidismo, a artrite reumatóide, o hipertireoidismo, o diabetes e a arteriosclerose. Cada vez mais trabalhos recentes vêm mostrando a importância de se associar as patologias vasculares com a osteoporose masculina, além do fator evidente do envelhecimento. Estudos demonstram que o processo arterosclerótico atinge as pequenas artérias intra-ósseas e influem no aparecimento de osteoporose.

Entre os medicamentos que facilitariam o aparecimento de osteoporose encontramos com maior freqüência os corticóides, os anticonvulsivantes e o metotrexato (utilizado no tratamento do câncer). O fumo e o alcoolismo, da mesma forma que na mulher, também são fatores aceleradores do processo osteoporótico.

Osteoporose e Exercícios

Vários trabalhos demonstram que indivíduos com maior atividade física na fase do crescimento apresentam maior reserva óssea. Quando as mulheres chegam nas fases peri e pós-menopausal, mesmo que tenham idêntico grau de destruição óssea que as não-praticantes de exercícios, por apresentarem esse "banco" de cálcio, acabam por não desenvolver osteopenia tão intensa a ponto de evoluir para osteoporose.

Nas três primeiras décadas de vida, o esqueleto ósseo aumenta a sua densidade. Nesta fase, é extremamente importante que as pessoas pratiquem esportes, tenham uma alimentação balanceada e se exponham ao sol no período da manhã. Os raios ultravioleta do sol estimulam a pele a produzir a vitamina D, que auxilia a absorver e fixar o cálcio no esqueleto.

Os esportes que propiciam um aumento mais acentuado da massa óssea são aqueles contra a resistência, sob a ação da gravidade. Assim, as caminhadas, corridas, musculação e ginástica aeróbia são excelentes nessa fase de vida. A natação é um esporte muito indicado, mas para as mulheres que já sabem nadar. Não adianta a pessoa começar a aprender após os 50 anos, pois perderá muita energia e poderá ser até prejudicial.

Mulheres que praticam atividades físicas devem ter um cuidado muito grande com a intensidade e a freqüência dessas práticas, pois o exagero pode acarretar prejuízo.

Por incrível que pareça, atletas olímpicos e competidores profissionais têm uma chance maior de desenvolver a osteoporose. O excesso de esportes pode levar a uma falta de menstruação, por reduzir os níveis estrogênicos, diminuindo assim a fixação do cálcio no esqueleto ósseo.

Hoje em dia há um conceito universal de que os idosos devem praticar esportes. O organismo perde massa óssea durante o repouso e recupera, ou minimiza, as perdas durante as atividades esportivas. No mínimo deverá ser feita uma caminhada por dia. Recomenda-se num horário de temperatura agradável, longe das refeições. A marcha acelerada é melhor que a caminhada lenta. Deve-se iniciar com 30 minutos e ir aumentando gradativamente de cinco em cinco, até atingir os 60 minutos.

Hoje em dia está bastante divulgada a hidroginástica, excelente para as pessoas mais idosas, pois na água há menor força da gravidade. Mas a hidroginástica deve sempre vir associada a um outro tipo de atividade física, pois ela por si só não é suficiente para interromper a perda de cálcio do esqueleto.

A prática do exercício físico deve ser feita de preferência todos os dias, ou no início cinco vezes por semana. Como a osteoporose é uma doença silenciosa, uma pessoa aparentemente saudável poderá já ter perdido 40 por cento ou mais de tecido ósseo e estar incluída no grupo de risco para as fraturas. Portanto, antes de iniciar a prática de exercícios, após os 40 anos, quando não se está habituado a fazê-los, convém consultar um médico antes, que deverá solicitar exames de densitometria óssea. Caso fique evidenciada osteoporose, exercícios que possam expor a quedas deverão ser evitados. Essa avaliação é de extrema importância para que a atividade física traga somente benefícios, e deverá, sempre que possível, ser orientada por especialistas para uma maior segurança.

TRATAMENTO DA OSTEOPOROSE

Diante de uma osteoporose instalada, pouca coisa pode ser feita para restaurar o osso, restaurando sua normalidade. Entretanto, podemos prevenir uma perda óssea maior.

O tratamento da osteoporose pode ser enfocado sob três aspectos:

A: substâncias que inibem a reabsorção óssea.
B: substâncias estimuladoras da formação óssea.
C: substâncias coadjuvantes.

A maioria dos especialistas acredita que o tratamento da osteoporose está dividido entre os estrogênios e as drogas anti-reabsorvitivas. Entretanto, estudos recentes acenam para a possibilidade de, a médio prazo, podermos contar com a terapia genética e um tratamento embasado nos fatores de crescimento (GH) e com novos e promissores medicamentos para o tratamento da osteoporose.

A. Substâncias que Inibem a Reabsorção do Osso

1. Terapêutica de Reposição Hormonal

O tratamento de reposição hormonal é o esquema de escolha para a prevenção da osteoporose pós-menopausal. Os estrogênios, por inibirem a reabsorção óssea, reduzem a perda óssea em todas as partes do esqueleto e devem também ser usados na osteoporose já instalada após a menopausa.

Todas as pesquisas demonstram, sem dúvidas, que a TRH (terapia de reposição hormonal) previne a perda de osso após a menopausa e reduz os riscos de fraturas. O benefício desse tratamento não depende da idade da paciente. Deve ser iniciado o mais precocemente, para se obter uma boa conservação óssea, uma vez que a massa óssea dificilmente se recupera.

Os benefícios do hormônio sobre o metabolismo dos ossos é incontestável, agindo em três frentes:

A: melhora a reabsorção de cálcio pelo intestino.
B: promove a reserva de ossos e cálcio, para as fases de necessidade do organismo, como a gestação e a lactação e menopausa.
C: corrige a remodelação óssea, isto é, faz com que a formação ou correção seja maior que a decomposição. Com isso haverá ganho de massa óssea.

Resumindo, quanto mais tempo a mulher ficar sem a ação do estrogênio, maior será a sua chance de desenvolver a osteoporose. Infelizmente, essa reposição hormonal deverá se prolongar até os 70 e mesmo 80 anos, pois quando cessa a administração dos hormônios o que se ganhou é perdido.

Maiores esclarecimentos sobre esse tratamento poderão ser encontrados no Capítulo 20, Terapia de Reposição Hormonal.

2. *Calcitonina*

Trata-se de um hormônio derivado de certo tipo de células da tireóide. Esse medicamento tem-se revelado muito útil quando administrado com o cálcio, pois, além de impedir a perda óssea, tem um efeito analgésico sobre as dores ósseas de todo o corpo.

A calcitonina está indicada nas pacientes que estejam em tratamento de reposição hormonal, ou nas que apresentam contra-indicação absoluta para a hormonioterapia. Atualmente temos disponíveis calcitoninas de várias espécies, como a humana, de salmão, de porco e enguia (não-disponível em nosso país).

A calcitonina é encontrada sob a forma injetável (intramuscular e subcutânea) e como *spray* nasal e supositório. Estas duas últimas apresentações, até o momento, só são encontradas com a calcitonina do salmão.

Resumindo, a calcitonina é poderosa droga anti-reabsortiva, produz ganho de massa óssea e diminui o risco de fraturas. O tratamento com a calcitonina tem poucos efeitos colaterais, e a apresentação em *spray* é isenta deles. O uso intramuscular pode vir acompanhado de náuseas e ruborização da face.

A calcitonina injetável deve ser utilizada durante 15 dias de cada mês, todos os meses, numa dosagem de 50 ou 100 UI, por um período de cinco anos. Após um ano e meio de uso, deve-se descansar dois meses e retomar o tratamento. O uso do *spray* nasal também deverá ser feito em 15 dias contínuos por mês, durante cinco anos, com intervalos de dois meses a cada ano e meio.

Estudos demonstram que o tratamento inicial com calcitonina de salmão por três anos preserva 15 por cento de massa óssea lombar. Muitas publicações têm demonstrado um efeito positivo da calcitonina em osteoporoses estabelecidas, tanto em nível vertebral como femoral.

3. *Bifosfonatos*

São usados devido à sua comprovada capacidade de inibir as células destruidoras de massa óssea, os osteoclastos. O mais freqüentemente utilizado é o EHDP, ainda não comercializado em nosso país. A dose empregada para a prevenção e tratamento da osteoporose é de 5 a 10mg/kg/dia. Deve ser ingerido em jejum, apenas uma vez ao dia. Deve-se usar durante 15 dias, parar 75 dias e recomeçar, respeitando-se o mesmo esquema, por um período de pelo menos cinco anos. Nesse intervalo, recomenda-se o uso de cálcio e vitamina D.

Os bifosfonatos são substâncias bem toleradas, de baixo custo, mas podem causar defeito na mineralização ou aumento de tecido ósseo "velho" que é mais suscetível a fraturas. Por esse motivo, devem ser usados com parcimônia e sob prescrição médica.

4. *Anabolizantes*

São derivados sintéticos da testosterona. Estudos com esteróides anabolizantes demonstraram que eles têm um efeito semelhante ao observado com o estrogênio em relação à proteção óssea. Os anabolizantes mais comumente utilizados são: stanozolol via oral e decanoato de norandrolona intramuscular.

Drogas Estimuladoras da Produção Óssea

1. Flúor — ainda não existe consenso quanto à dose e ao tempo de uso inicial do fluoreto. Deve-se evitar a hiperdosagem, que poderá causar efeitos tóxicos sobre o esqueleto ósseo. A incidência de efeitos colaterais é muito grande, principalmente a irritação gástrica, com náuseas, vômitos, diarréia e até sangue nas fezes.

A partir desses efeitos colaterais a utilização do flúor foi reavaliada, e seu uso em altas doses foi abandonado. Uma dose razoável seria de 25 a 35mg de fluoreto de sódio diariamente. O flúor não existe no mercado brasileiro, mas pode ser aviado. O tratamento deve durar no mínimo um ano e meio e no máximo quatro anos.

2. Hormônio da Paratireóide — Esta droga vem sendo utilizada apenas em experiências científicas, e parece ter efeito sobre a massa óssea. São usadas injeções subcutâneas, durante um ou dois anos. Aumenta o osso trabecular e pode apresentar efeitos colaterais, como ardor e vermelhidão no local da aplicação e hipercalcemia.

SUBSTÂNCIAS COADJUVANTES

1. Cálcio — A utilização isolada do cálcio, mesmo em doses elevadas, não previne a perda óssea. Portanto, o ideal é a sua associação com os hormônios, ou em pacientes que tenham baixa ingestão desse elemento. Em geral utiliza-se 1 a 1,5g por dia, e o melhor é o carbonato de cálcio. Deve-se tomar 2 a 3 comprimidos por dia, logo após as refeições ou antes de deitar, diariamente.

2. Vitamina D2 — Esta vitamina pode ser utilizada em pacientes que sejam portadoras de deficiência intestinal na absorção de cálcio, ou que não se expõem regularmente ao sol; ela interage nos processos de formação óssea, interferindo de maneira ativa na absorção de cálcio no intestino e na fixação de cálcio no osso. Os indivíduos negros fazem uma maior conversão de vitamina D na pele, desde a adolescência; este é um dos fatores que fazem os negros terem uma melhor massa óssea e menor tendência à osteoporose.

Os indivíduos idosos devem ser expostos demoradamente ao sol todos os dias, pois a sua pele tem boas condições para a transformação da vitamina.

3. Calcitrol — Droga utilizada em pacientes que apresentam diminuição da função renal. É mais usada para manter o balanço do cálcio positivo do que para o tratamento da osteoporose propriamente dita. Não apresenta contra-indicações, e seus efeitos colaterais podem ser dores de estômago, perda de peso, dores na barriga e formação de cálculos renais.

4. Hidroclortiazida — É uma droga que age nos rins, diminuindo a excreção de cálcio. Deve ser utilizada em pacientes que apresentam perda excessiva de cálcio na urina. Pode ser associada nas mulheres que, com a terapia de reposição hormonal, costumam reter água.

5. Indometacina — Por ser um antiinflamatório não-hormonal, além de acelerar as dores provocadas pela osteoporose, reduz a reabsorção óssea, pois diminui a excreção do cálcio pelos rins.

Outras Substâncias em Perspectiva

Algumas drogas, não muito divulgadas em nosso meio, estão ainda em fase experimental, ou já se encontram em uso.

1. Ipriflavone — Droga encontrada em diversas plantas com flores, e também em samambaias (flavinóide). Devido à sua capacidade estrogênica, começou a ser utilizada no tratamento da osteoporose. Como não se conhece o mecanismo exato de sua ação sobre o tecido ósseo, novos estudos ainda precisam ser realizados.

2. Tibolona — É uma droga com pequena atividade estrogênica, progestogênica e androgênica. Sua utilização no tratamento da osteoporose parece surtir muito efeito, mas, como não se sabe qual deve ser o tempo de tratamento, a dose diária e os efeitos colaterais, precisa ser mais bem estudada.

3. Oligoelementos — Baixos níveis sanguíneos de zinco, cobre e manganês parecem influenciar, ao menos em parte, a matriz óssea. Entretanto, até o momento, a eficácia de seu emprego para o tratamento da osteoporose, ou como droga coadjuvante, ainda não foi comprovada. Estudos com relação ao chumbo vêm sendo desenvolvidos atualmente.

Prevenção da Osteoporose

O ideal em termos de prevenção seria acompanhar a osteopenia, que se instala naturalmente com a idade, para evitar que evolua para a osteoporose. As mulheres que estão nos grupos de risco merecem atenção especial. Essencial seria que a mulher atingisse a menopausa com ossos de boa qualidade e suficientemente densos para suportar a perda óssea que ocorre com a idade.

Diagnosticar a osteoporose quando ela já está avançada pouco contribui para minorar o sofrimento das pacientes. As estratégias mais valorizadas atualmente são as que visam identificar as pacientes de risco para o desenvolvimento da osteoporose pós-menopausa. Nesse sentido, a avaliação do médico é de extrema importância.

Entretanto, as medidas preventivas mais eficientes estão nas mãos das mulheres. São medidas simples e que devem ser adotadas o mais precocemente possível:

— Ingerir cálcio suficiente todos os dias. Usar suplementação quando for necessário.
— Fazer exercícios regularmente.
— Expor-se ao sol com freqüência, nos horários adequados.
— Evitar regimes muito severos.
— Evitar substâncias que interfiram na absorção do cálcio.
— Fumar e beber com moderação.
— Consultar um médico a respeito da terapia com os hormônios.

A osteoporose é um problema de saúde pública, e é fator de altos índices de deficiência física e de mortalidade em mulheres após a menopausa. A prevenção ainda é a melhor arma contra essa doença, e quem sabe no futuro possamos recuperar totalmente os ossos que já estejam danificados pelo desgaste dos anos e pela deficiência estrogênica.

20. Terapia de Reposição Hormonal (TRH)

Através da história, poucas condutas médicas têm gerado tanta polêmica como a Terapia de Reposição Hormonal (TRH). Entretanto, nas últimas décadas, após vários estudos de experiências acumuladas, a grande maioria dos autores acatou os benefícios e vantagens da reposição hormonal e propõe a sua utilização.

No início dos anos 70, a terapia recebeu o incremento da utilização dos estrogênios. O aumento da incidência do câncer do endométrio fez com que os médicos relutassem em prescrever os hormônios e com que as pacientes passassem a temer tal tipo de medicamento. No final da década de 70 e início dos anos 80, surgiram vários trabalhos com modificações nos esquemas de tratamento, utilizando-se hormônios naturais e em menores doses.

Esse novo esquema impedia completamente o temido risco do câncer do endométrio, e a partir desta data reconheceu-se que a incidência desse tipo de câncer não era diferente entre as mulheres que faziam uso da estrogenioterapia e as que não a utilizavam.

Mais tardiamente verificou-se que a associação de um outro tipo de hormônio, a progesterona, com o estrógeno oferecia real proteção contra o referido câncer. Atualmente, médicos e pacientes têm total segurança com o uso da Terapia de Reposição Hormonal nos moldes em que é recomendada.

A Terapia de Reposição Hormonal existe, portanto, há mais de vinte anos. É um tratamento eficaz, amplamente aceito, embora alguns médicos ainda tenham algumas reservas. Se uma mulher achar que necessita de reposição hormonal, e seu médico disser que não, ela deverá solicitar a ele que explique detalhadamente as razões dessa negativa.

Toda mulher com deficiência de estrógenos é candidata à terapêutica de reposição hormonal. Da mesma forma que se ministra hormônio tireoidiano em paciente com deficiência de tireóide, e insulina (que é um hormônio) ao diabético, também na menopausa não há como se negar terapêutica de reposição hormonal.

A imprensa escrita, falada e televisionada tem enfocado com muita assiduidade esse tema. Existe o lado positivo, pois educando e esclarecendo a mulher a respeito o tabu que ronda o tratamento hormonal cada vez mais será desmistificado.

Há que se ter no entanto uma informação ética, correta e completa. Em muitos casos são publicadas verdades distorcidas que imputam à Terapia de Reposição Hormonal malefícios maiores que os benefícios, quando na realidade os riscos, perto de todas as vantagens desse tratamento, são mínimos.

Mas sem dúvida a informação da imprensa leiga exerce muita influência sobre as mulheres. Diante de matérias que desaprovam o tratamento, as que estão fazendo o uso de hormônios podem pensar em abandoná-los. Felizmente na maioria das vezes, após uma matéria polêmica, a paciente se reporta ao seu médico, que terá a oportunidade de esclarecer exatamente o que foi divulgado.

Porém o que se nota é a imprensa influenciando positivamente, pois as matérias na maioria das vezes são simpáticas ao uso da estrogenioterapia, e as mulheres, das diversas camadas sociais e culturais, já procuram seus médicos para solicitar esse tratamento.

Sabe-se que a TRH traz benefícios irrefutáveis às mulheres no período do climatério. A redução da osteoporose, a reversão dos sintomas incômodos e a melhoria imediata da qualidade de vida são marcos importantes que pendem favoravelmente para a estrogenioterapia.

A Terapia de Reposição Hormonal, como é apresentada atualmente, é uma nova visão sobre um antigo problema, mas sem dúvida, entre os últimos avanços, devemos destacar em primeiro lugar a consciência dos médicos e das pacientes de que se pode tratar a menopausa, e que esse tratamento beneficia em muito a mulher.

Atualmente a estrogenioterapia se baseia nas necessidades individuais de cada mulher: cada paciente apresenta um perfil clínico diferente, que irá conduzir a uma terapia individualizada. Logo, a maneira moderna e racional para a escolha do tipo de tratamento deve estar relacionada a vários aspectos que serão avaliados pelo médico desde a primeira consulta.

Os esquemas trarão a reposição dos hormônios, em que se procura atingir níveis sanguíneos suficientes para normalizar a função das células e dos tecidos dos órgãos mais afetados pela deficiência estrogênica, além de diminuir e até eliminar os sintomas provenientes da queda hormonal.

A deficiência dos hormônios ovarianos — estrogênio e progesterona — prejudica a qualidade de vida. Sabe-se que a expectativa de vida média das mulheres situa-se ao redor dos 75 anos, e que a menopausa ocorre em média entre os 50 e os 54 anos.

Portanto, a mulher vive um terço de sua vida na pós-menopausa, num estado de deficiência hormonal, e viverá metade de sua vida no climatério, que se inicia ao redor dos 35 anos.

Quando se Deve Começar a Terapia de Reposição Hormonal?

A menopausa é um fenômeno natural, e portanto não existe tratamento preventivo para ela. Entretanto, a terapia de reposição hormonal, quando iniciada assim que aparece alguma manifestação causada pela baixa produção de estrogênios, representa um tratamento profilático de todo o malefício da privação estrogênica.

Nas mulheres que não apresentam sintomas, mas que pertencem ao grupo de risco para desenvolver a osteoporose e alterações cardiovasculares, a terapêutica de reposição estrogênica deverá ser iniciada independentemente de apresentarem alguma sintomalogia típica.

Alguns exames podem orientar e caracterizar em que período do climatério a mulher se encontra. A falência ovariana pode ser natural ou cirúrgica, caso um dos ovários, ou ambos, tenham sido retirados cirurgicamente. Nesses casos, deve-se iniciar de imediato a Terapia de Reposição Hormonal, independentemente da idade que a mulher apresenta.

As dosagens sanguíneas do FSH (hormônio folículo-estimulante) e LH (hormônio luteinizante), cujas funções foram descritas no Capítulo 5, irão determinar se a mulher se encontra no climatério pré-menopausal, pois ambos estão elevados nesse período.

Concentração de FSH acima de 15 UI/ml já pode ser encontrada na fase do climatério perimenopausal, e esse índice poderá atingir até 40 UI/ml na pós-menopausa. O LH também está elevado na pré e pós-menopausa, e sofre um declínio progressivo até três anos após a última menstruação. Outros exames serão solicitados, como se descreve adiante no Capítulo 22, ressaltando-se aqui a importância da mamografia anualmente, para mulheres de 50 anos ou mais.

Teste de Progesterona

É um teste que pode ser feito antes de se iniciar a Terapia de Reposição Hormonal em mulheres que já estejam um ou mais anos na pós-menopausa. É feito administrando um progestogênio (substância com efeito similar à progesterona) por sete a 10 dias. Se após esse período houver sangramento, uma investigação melhor deverá ser feita para o diagnóstico de hiperplasias (proliferação da camada interna do útero) e prevenção de câncer do endométrio. Denomina-se teste positivo quando ocorre o sangramento até 14 dias após a ingestão do último comprimido de progesterona, sugerindo que o nível de estrogênio pode estar adequado, podendo-se retardar o início da TRH.

Esquemas de Terapia de Reposição Hormonal

Sempre que a mulher for portadora de útero, faz-se necessária a associação da progesterona ao estrógeno, por um período de 10 a 12 dias, para se fazer a prevenção da hiperplasia e do câncer do endométrio, que no passado assombraram as mulheres e as afastaram do tratamento hormonal.

Nas pacientes que não têm útero, apenas a reposição estrogênica já é suficiente para o tratamento do climatério, dispensando-se a associação da progesterona. Sem o órgão, não haverá risco de câncer do endométrio.

Esquemas Mais Utilizados

1. Estrogênio Cíclico Associado com Progestogênio — Administram-se estrogênios por 21 a 25 dias, iniciando-se no primeiro dia da menstruação, e associa-se progestogênio durante os últimos 12 dias da reposição estrogênica. Faz-se uma pausa de sete dias de tratamento e recomeça-se o esquema.

Vantagens desse esquema — oferece proteção contra a hiperplasia e o câncer do endométrio e há uma grande experiência mundial com esse tratamento. Quando iniciado na perimenopausa, com a finalidade de alívio dos sintomas, também vai se prestar à regularização do ciclo menstrual, pois ainda não ocorreu a falta de menstruação (amenorréia) pela falência ovariana. Essa perda sanguínea não é uma menstruação, e sim um sangramento de deprivação, e torna-se regular, em pequena intensidade, ocorrendo geralmente após a interrupção da progesterona. Esse sangramento pode deixar de ocorrer após alguns anos de tratamento em torno de 30% dos casos, mesmo com a TRH contínua.

Desvantagens — durante a semana de intervalo do tratamento, poderá ocorrer a volta dos sintomas. Em 50% das mulheres poderá haver o sangramento de deprivação logo após o término do progestogênio, chamado erroneamente de "menstruação". Muitas mulheres, que já haviam se acostumado à ausência de sangramentos, poderão não se adaptar à volta desconfortável dos mesmos. Importante esclarecer que o sangramento de deprivação não está relacionado ao câncer do endométrio.

Poderão ocorrer sintomas de TPM (tensão pré-menstrual), como dores de cabeça, irritabilidade, dores nas mamas e edemas das mãos e pés, entre outros sintomas, numa incidência de 20 a 30 por cento.

2. Estrogênio Contínuo Associado com Progestogênio Cíclico — É o tratamento mundialmente mais utilizado. Trata-se da administração continuada de estrogênios, sem interrupção, associando-se progestogênios durante 12 dias por mês. Nas mulheres menopausadas, aconselha-se o uso de progesterona do dia primeiro ao dia 12 de cada mês.

Vantagens — oferece proteção contra a hiperplasia e o câncer do endométrio. Nesse esquema não ocorre o retorno dos sintomas, como no anterior, pois não há o intervalo de reposição estrogênica.

Desvantagens — em 50% das mulheres também poderá ocorrer um sangramento logo após o uso do progestogênio, com todos os desconfortos já descritos. Da mesma forma, em 20 a 30% podem aparecer os sintomas de tensão pré-menstrual.

3. Estrogênio Contínuo Associado com Progestogênio Contínuo — Esse esquema utiliza o uso continuado do estrogênio e do progestogênio, diariamente e sem interrupção.

Vantagens — protege contra a hiperplasia e o câncer endometrial. Nesses casos não há o desconforto do sangramento, pois o uso da progesterona é contínuo. Outra vantagem é que a dosagem de progesterona, por ser diária, será menor.

Desvantagens — a progesterona desvia o metabolismo dos lipídios e aumenta o nível do LDL-colesterol, diminuindo a proteção cardiovascular oferecida pelos estrogênios.

4. Estrogênios Contínuos e Progestogênios em doses maiores, por 14 dias, a cada três meses — É ainda um esquema de pouca experiência no mundo.

Desvantagens — nesses casos, 50% das mulheres só menstruarão a cada três meses, assim como também terão a sintomatologia de tensão pré-menstrual. Possivelmente, oferece menor proteção contra as hiperplasias e o câncer do endométrio.

Concluindo, não existe esquema de reposição hormonal que possa ser considerado definitivo e aplicável a todas as pacientes no climatério. Cada esquema possui vantagens e desvantagens, sendo aconselhável um tratamento inicial que seja o mais adequado. O esquema proposto inicialmente não deve ser considerado o definitivo, e poderão ser feitas alterações, dependendo dos efeitos colaterais e da resposta ao tratamento.

Classificação dos Estrógenos

Encontramos no mercado, sob a forma de medicamentos, os estrógenos sintéticos e os naturais. Os sintéticos são mais potentes que os naturais e mais utilizados na terapêutica hormonal de inibição, como no caso dos anticoncepcionais, que inibem a ovulação.

Os estrógenos naturais se prestam à terapêutica hormonal do climatério. Os hormônios naturais mais utilizados são:

— Estrogênios conjugados.
— Sulfato de estrona.
— Valerianato de estradiol.
— Estriol.
— Promestriene.
— Estradiol transdérmico.

Existem ainda o estradiol micronizado e o percutâneo, que não se encontram à disposição no mercado brasileiro.

O princípio da Terapia de Reposição Hormonal é manter estáveis os níveis de E2 plasmático (estrogênio na corrente sanguínea), evitando-se as altas e baixas concentrações, que acarretariam sintomas desagradáveis. Essa reposição deverá manter o nível do E2 plasmático ao redor de 40 a 60pg/ml. Esses níveis são conseguidos quando se utiliza qualquer uma das alternativas de Terapia de Reposição Hormonal a seguir:

— Estrogênios conjugados (oral) — 0,625-1,25mg/dia
— Valerianato de estradiol (oral) — 1-2mg/dia
— Estradiol transdérmico (duas vezes por semana) — 25-50mg/dia
— Estriol — 4-8mg/dia
— Estradiol micronizado (oral) — 1-2mg/dia
— Estradiol percutâneo (gel) — 1,5-3mg/dia

VIAS DE ADMINISTRAÇÃO

Essas vias têm por finalidade atender a certos aspectos metabólicos, cardiovasculares, gastrintestinais etc. pertinentes a cada caso, que será analisado pelo médico especialista.

1. Via Oral

Vantagens — é a via mais difundida, devido à grande aceitação e facilidade para se fazer com que a mulher não interrompa o tratamento. Raramente causam fenômenos alérgicos, aumentam os níveis do HDL (colesterol protetor) e reduzem o LDL rapidamente. Essa via é indicada nas pacientes com antecedentes cardiovasculares e níveis lipídicos alterados.

Desvantagens — aumentam os níveis dos triglicerídios. Por ter sua primeira passagem no fígado, podem aumentar os níveis de substâncias que vão alterar a pressão arterial, elevando-a.

2. Via Transdérmica

É utilizado um sistema terapêutico transdérmico que é fixado sobre a pele nas diferentes regiões das nádegas, quadris e abdome, onde não ocorre exposição direta à luz solar. Cada sistema é selado individualmente numa embalagem de proteção em formato de disco. O "sel" auto-adesivo deverá ser aplicado duas vezes por semana.

Vantagens — por não sofrer a ação do fígado, esse tratamento é indicado nas mulheres portadoras de hipertensão, nas que tenham dores gástricas, nas diabéticas e nas portadoras de doenças tromboembólicas (varizes, tromboflebites etc.). A via transdérmica reduz a produção de triglicerídios e mantém os níveis do E2 num patamar ideal, e de uma forma estável.

Esses esquemas são muito bem aceitos pelas pacientes e apresentam uma comodidade no seu uso.

Desvantagens — são necessários alguns meses de tratamento para se elevar o HDL e baixar o LDL. Pode haver, em 2 a 4% das pacientes, uma intolerância cutânea, com manifestações alérgicas locais e, muito raramente, generalizadas. Outras se queixam de deslocamento do adesivo com o suor excessivo, ou durante o banho.

3. Via Vaginal

São utilizados os cremes vaginais à base de estriol E3 ou estrogênios conjugados do promestriene, também em forma de óvulos.

Vantagens — os cremes vaginais são indicados nas vaginites atróficas, no ressecamento vaginal e nos distúrbios urinários, com grande sucesso na remissão desses sintomas. O estriol é amplamente indicado nas pacientes muito idosas, às quais não se quer, ou não se pode, administrar estrogênio oral ou transdérmico. O estriol é considerado um hormônio de ação leve, dotado de um efeito vaginotrófico completo, sem provocar hiperplasia do endométrio.

Desvantagens — a aplicação do creme vaginal, apesar de feita à noite, torna-se incômoda e tem uma absorção irregular. O estriol possui pouca ação em termos sistêmicos, e por isso não atua sobre os fogachos, ansiedade, irritabilidade, distúrbios do sono, prevenção da osteoporose e doenças cardiovasculares.

4. Estriol Tópico Cutâneo

Recentemente, estudos comprovaram que as mulheres pós-menopáusicas têm uma acentuada melhora das fibras elásticas da pele depois da aplicação de compostos de estriol sobre ela.

Nesses estudos, foram analisados itens como tamanho dos poros, hidratação da pele, vascularização e profundidade das rugas, textura e elasticidade cutâneas, e deduziu-se que o estriol parece cumprir satisfatoriamente os critérios para um tratamento hormonal local da pele.

Os resultados descritos se basearam em aplicações tópicas, uma vez ao dia, sobre a face, pescoço e colo, mãos, cotovelos e calcanhar, de um composto que contém 0,1% de estriol, aumentando gradativamente a concentração até 0,3% para as regiões mais ressecadas.

Concluindo, o tratamento do envelhecimento cutâneo com o estriol tópico constitui uma opção nova e promissora para a mulher perimenopáusica. Os efeitos do tratamento cutâneo tópico com compostos hormonais são superiores aos obtidos pelas vias oral e transdérmica.

5. *Demais Vias de Administração*

A via intramuscular está praticamente abandonada hoje em dia. A via percutânea (gel) não está ainda disponível no mercado brasileiro. Apresenta as mesmas vantagens que as da via transdérmica e como desvantagens a aplicação diária e o maior trabalho e tempo para se encontrar a dosagem adequada.

Os implantes também não estão disponíveis no nosso mercado e têm as mesmas vantagens que a via transdérmica. São de difícil aplicação, e apresentam uma absorção irregular. Quando se interrompe o uso, há uma maior freqüência de hemorragias.

Uso da Progesterona

A associação da progesterona ao estrógeno na Terapia de Reposição Hormonal está indicada para as mulheres que têm útero. Essa adição tem a finalidade de reduzir o risco de hiperplasia e de carcinoma do endométrio, além de aumentar a possibilidade de formação óssea e proteção contra a osteoporose. Entretanto, alguns autores indicam o uso da progesterona associada ao estrógeno, mesmo em pacientes que não têm útero, para a prevenção das mastalgias (dores das mamas), tensão mamária e proteção contra o câncer de mama nas pacientes que não estão mais ovulando, sendo esse critério discutível entre os especialistas. A progesterona também auxilia no combate às dores de cabeça, que podem aparecer com o uso do estrógeno isolado, assim como ao inchaço do abdome.

A duração do tratamento associado parece ser mais importante do que a dose diária do progestogênio. Existem trabalhos que comprovam que a administração isolada de estrogênio promove uma hiperplasia endometrial da ordem de 30%. A associação com a progesterona por sete dias reduz esse risco para 4%, com 10 dias esse número cai para 2%, e após 12 dias de uso esse percentual passa a ser 0. Portanto, a utilização de um progestogênio é necessária, pois afasta totalmente o risco de câncer do endométrio. O uso da progesterona deve ser muito bem avaliado em mulheres que apresentam grave hipercolesterolemia, rebelde ao tratamento convencional, pois a progesterona inibe o benefício que o estrogênio causa no perfil lipídico.

Progestogênios mais utilizados e doses mínimas diárias para a proteção endometrial:

PROGESTOGÊNIO	DOSE DIÁRIA
No Brasil	
— Acetato de medroxiprogesterona	5 a 10mg
— Noretindrona	0,35 a 0,7mg
— Acetato de noretisterona	5 a 10mg
— Acetato de ciproterona	5mg
No exterior — além dos acima citados, temos:	
— Progesterona micronizada	300mg
— Acetato de nomegestrol	5mg
— Norgestrel	150mg
— Desogestrel	125mg

Os progestogênios podem ser associados aos estrogênios em dois tipos de esquema:

1. Estrogênio Continuado Associado ao Progestogênio Cíclico

Nesses casos, a progesterona deverá ser ministrada por um período de 12 dias, nas dosagens descritas na tabela anterior. Os progestogênios mais utilizados nesse esquema são o acetato de medroxiprogesterona e a noretisterona. Esses esquemas são os mais indicados em mulheres na perimenopausa.

2. Estrogênio e Progestogênio Contínuos

Recomendam-se doses menores de progestogênio no esquema contínuo. Somados às doses normais de estrogênios, pode-se associar diariamente 0,70mg de noretisterona ou 2,5 a 5mg de acetato de medroxiprogesterona.

Esse esquema de tratamento comumente mantém a mulher sem sangramento vaginal, porém um terço delas pode ainda apresentar uma perda sanguínea nos três primeiros meses desse esquema terapêutico. Mas esse sangramento será em menor intensidade se comparado com o uso do progestogênio cíclico. Reserva-se sua indicação às mulheres menopausadas após vários anos sem menstruação.

VIAS DE ADMINISTRAÇÃO

1. Via oral — A maioria dos progestogênios utilizados nos esquemas terapêuticos apresenta-se sob a forma de comprimidos.

2. Via transdérmica — No início de 1996, chegou ao Brasil a terapia transdérmica hormonal combinada. O esquema consta de quatro discos de estrogênios (estradiol) usados por um período de 14 dias, e nas duas semanas seguintes utilizam-se mais quatro discos, compostos de estradiol e acetato de noretisterona. A duração desse esquema de tratamento é de 28 dias, e pode-se deixar um intervalo de uma semana entre os esquemas ou fazer o uso continuado dos mesmos.

Resumo dos Esquemas Terapêuticos

Estrogênio cíclico + progestogênio cíclico — estrogênio por 21 a 25 dias (iniciar no primeiro dia da menstruação) + progestogênio durante os 12 últimos dias do uso de estrogênio.

Estrogênios contínuos + progestogênio cíclico (mais utilizados mundialmente) — estrogênios contínuos e sem interrupção + progestogênios durante 12 dias por mês, começando no primeiro dia de cada mês (menopausadas).

Estrogênios contínuos + progestogênios contínuos — estrogênios + progestogênios diários sem interrupção.

Estrogênios contínuos e progestogênios em doses maiores por 14 dias, a cada três meses (pouco utilizado).

Doses Mínimas de Estrogênios Disponíveis Hoje no Mercado Brasileiro

— Estrogênios conjugados — 0,3-0,625 e 1,25mg
— Estradiol transdérmico — 25-50 e 100mg
— Valerianato de estradiol — 1-2mg
— Estriol — 1-2mg

Tempo de Uso da Terapia de Reposição Hormonal

A estrogenioterapia, tanto no aspecto curativo como no preventivo, deve ser utilizada por um período mínimo de 10 anos. Pode-se estendê-lo até os 70 ou 80 anos (ou mais), desde que a paciente se adapte e esteja sendo acompanhada por um médico.

A mulher que se submete a um período longo de tratamento é porque está informada e convencida dos benefícios recebidos através da terapêutica. Infelizmente, assim que se interrompe a terapia hormonal, cessam os benefícios que normalmente ela propicia. Não existem benefícios acumulados através dos anos de tratamento.

Terapia de Reposição Hormonal na Mulher Diabética

Os hormônios empregados na reposição hormonal do climatério não causam danos ao metabolismo dos carboidratos das mulheres diabéticas e não-diabéticas. Mulheres diabéticas têm um risco aumentado para as doenças cardiovasculares, em comparação com as que não têm a doença, o que induz ao uso de TRH nas diabéticas.

A Terapia de Reposição Hormonal não está contra-indicada nas mulheres diabéticas, e aqui mais do que nunca é necessária a associação de progestógeno, pois a diabética apresenta um risco maior para o câncer de endométrio.

Muitas vezes a utilização dos estrogênios pode vir a diminuir a dose diária de insulina utilizada pelas diabéticas, e vários estudos demonstram a proteção cardíaca que a TRH oferece a elas.

O Tabagismo e a Terapia de Reposição Hormonal

A nicotina e seus derivados aceleram o metabolismo estrogênico, fazendo com que a ação do hormônio seja menos duradoura. Logo, as fumantes têm uma menopausa mais precoce e apresentam maior incidência de osteoporose, porque a nicotina compete com o estrógeno junto aos receptores estrogênicos. Mulheres que fumam dez ou mais cigarros por dia têm necessidade de doses maiores de estrogênio na menopausa. Deve-se escolher a via transdérmica para a administração, evitando-se a passagem hepática, que irá alterar ainda mais o metabolismo do hormônio.

A Estrogenioterapia Engorda e Faz Crescer Pêlos?

Esses tabus existem em nossa cultura popular. Não há comprovação de que a hormonioterapia faça engordar. O que ocorre é que nessa fase da vida a mulher tem uma menor necessidade calórica, e faz uso de uma ingestão não-adequada ou excessiva de alimentos. Também contribui para o aumento de peso a vida sedentária que a maioria das mulheres passa a ter nesse período.

Na década de 1950-60, foi utilizada a associação do estrogênio com androgênios (hormônio masculino) em doses elevadas deste último. Esse excesso de hormônios masculinos fazia crescer pêlos nas mulheres, daí esse mito persistir até os dias de hoje. O crescimento de pêlos não tem relação com a estrogenioterapia. A Terapia de Reposição Hormonal moderna não apresenta o risco de aparecimento de pêlos na mulher.

Hipertensão Arterial e Terapia de Reposição Hormonal

A Terapia de Reposição Hormonal não está contra-indicada na mulher portadora de hipertensão arterial leve ou moderada. Estudos demonstram que os níveis pressóricos melhoram com a estrogenioterapia, mesmo sem as drogas apropriadas para o tratamento da hipertensão. A maioria dos autores revela não haver aumento da pressão arterial com a Terapia de Reposição Hormonal, nas mulheres de pressão normal. Nas hipertensas graves, de difícil controle, e com lesões arteriais definidas, o uso do estrogênio e da progesterona tem de ser bem estudado antes.

Contra-indicações para a Terapia de Reposição Hormonal

As principais contra-indicações para o tratamento de reposição hormonal no climatério são:

— Câncer de mama ou de endométrio prévios.
— Hepatopatia (doença do fígado) aguda ou grave.
— Embolia ou trombose aguda.
— Infarto agudo do miocárdio.
— Acidente vascular cerebral agudo.
— Sangramento uterino sem diagnóstico da causa.

Riscos e Benefícios da TRH

Muitos anos ainda terão que se passar para que a nossa cultura se conscientize de que para chegar à velhice com saúde é preciso prevenir as doenças. Para a mulher, a terapia de Reposição Hormonal é um dos meios mais adequados de se lutar pela qualidade de vida.

É importante traçarmos um paralelo entre o uso da TRH no climatério e menopausa e o uso de contraceptivos orais (CO), que já são utilizados em larga escala pela mulher moderna em todo o mundo. A diferença entre os contraceptivos orais (CO) e a TRH está no tipo de estrogênios utilizados nos dois tratamentos. Nos CO utilizam-se os estrogênios sintéticos, muito mais potentes que os estrogênios naturais usados na TRH. As contra-indicações dos tratamentos são diferentes, ocasionalmente com alguns aspectos comuns.

O quadro a seguir elucida essa diferença:

DOENÇA	TRH	CO
Câncer de mama	+	+
Câncer do endométrio	+	+
Tromboembolismo pregresso (no passado)	–	+
Tromboembolismo agudo (atual)	+	+
Hipertensão arterial	–	+
Idade de 45 anos ou mais	–	+
Cardiopatia grave	+	+
Fumantes	–	+
Doenças coronarianas	–	+

\+ há contra-indicação ao uso.
– não há contra-indicação ao uso.

Deduz-se do exposto que a pílula anticoncepcional (contraceptivo oral) apresenta riscos em maior número de circunstâncias clínicas e hábitos de vida do que a TRH.

Os riscos da TRH realmente existem, mas em pequena monta, desde que ela seja feita criteriosamente. Os benefícios superam em muito os malefícios, como já foi demonstrado anteriormente.

O equilíbrio do tratamento será conseguido com a sua regularidade e assiduidade. Dois meses após o início da terapêutica, deve ser feita uma reavaliação, para se verificar se houve adaptação ao tratamento e melhora dos sintomas.

Quando a dose estiver adequada, faz-se uma avaliação a cada seis meses (exame pélvico e das mamas). Nas pacientes com tendência à osteoporose ou com osteoporose estabelecida, deve-se fazer a densitometria óssea a cada um ou dois anos para o controle da eficácia do tratamento.

Nunca é demais lembrar que a reposição hormonal não é tudo, e que o tratamento só será completo se somarmos a ele medidas dietéticas, exercícios físicos adequados e uma boa orientação psicológica.

No climatério e na menopausa, a relação médico-paciente se expressa em amplitude máxima. O médico deverá esclarecer à paciente suas dúvidas, respeitando seu grau de cultura. Deverá educar a mulher, transmitindo-lhe os conhecimentos sobre a TRH, e explicar seus aspectos controvertidos.

A decisão final do tratamento e de quais os hormônios a serem empregados é de responsabilidade do médico, mas a sua aceitação será uma conduta pertinente a cada mulher. Por isso, ela deverá estar devidamente esclarecida e em condições de fazer uma opção consciente.

21. Tratamento Não-hormonal

Existem mulheres com contra-indicações absolutas para o uso da Terapia de Reposição Hormonal. As principais são:

— Infarto agudo do miocárdio
— Mulheres que já tenham tido câncer de mama ou de endométrio
— Doenças hepáticas agudas ou graves
— Acidentes trombólicos agudos (embolias nos vasos sanguíneos)
— Acidente vascular cerebral agudo
— Sangramento uterino sem diagnóstico da causa

Existem ainda algumas contra-indicações relativas, assim chamadas por haver discussões a respeito das mesmas:
— Para um tipo específico de anemia, a falciforme
— Doenças renais
— Hipertensão arterial acentuada
— Hemicrania grave (dor de cabeça, tipo enxaqueca).

Nessas pacientes, tem-se que encontrar outros esquemas de tratamentos, que não os hormonais, para minorar a sintomatologia desconfortável da menopausa. Também nas pacientes que estejam fazendo o tratamento de reposição hormonal existem outras alternativas coadjuvantes que facilitam e incrementam a terapêutica do climatério.

Importante ressaltar que as contra-indicações ao uso de anticonceptivos orais são maiores que as das terapias de reposição hormonal do climatério, e eles não devem ser usados após os 42 anos de idade.

As mulheres hipertensas, portadoras de cardiopatias, que já tiveram distúrbios tromboembólicos e as tabagistas são proibidas de tomar anticonceptivos, mas não há proibição quanto à terapia hormonal do climatério.

Alguns aspectos de muita importância são associados à terapia hormonal, como nutrição, hábitos e estilo de vida. Orienta-se para uma dieta hipocalórica e com baixo nível de colesterol, ingestão adequada de leite para uma boa oferta de cálcio, assim como a eliminação do hábito de fumar. O exercício físico e as atividades ocupacionais são de grande valia para essa fase da vida. Esses aspectos serão tratados em capítulos separados para maior orientação da mulher climatérica.

O tratamento não-hormonal está indicado nas seguintes condições:

1. Pacientes que não querem se submeter a uma terapia de reposição hormonal, mas querem ter os seus sintomas aliviados.
2. Pacientes que têm efeitos colaterais muito intensos com os hormônios, como náuseas ou retenção hídrica (inchaço).
3. Pacientes portadoras de contra-indicações absolutas ao uso de estrogênios.
4. Pacientes que não respondem positivamente ao uso de estrogenioterapia.

Vários esquemas terapêuticos não-hormonais são indicados para o tratamento do climatério. Entretanto, cada tratamento terá um campo de ação, aliviando apenas determinado sintoma. Não podem ser comparados à terapêutica hormonal, pois os hormônios atingem toda a sintomatologia e previnem os efeitos degenerativos e metabólicos do hipoestrogenismo.

Vários grupos de medicamentos têm sido utilizados com sucesso:

I. Tratamento dos sintomas vasomotores

No tratamento das ondas de calor e da sudorese, o ciclofenil, o veralipide e a cinarizina têm dado bons resultados.

1. **O ciclofenil** — é uma substância que, tendo ação estrogênica fraca, age no nível dos outros termorreguladores do hipotálamo, melhorando os sintomas vasomotores. Em nosso meio, os medicamentos que contêm ciclofenil mais utilizados são o Menopax e o Menotensil. Eles não agem sobre a mucosa genital e não têm os benefícios profiláticos às cardiopatias e osteoporose.

2. **Veralipide** — sua ação é no sistema nervoso central, agindo nas ondas de calor e distúrbios psicofuncionais da menopausa. Também esse tratamento não corrige o hipoestrogenismo da menopausa. Os resultados relacionados aos sintomas vasomotores foram satisfatórios em 80% dos casos.

3. **Sedativos** — são também usados para reduzir as ondas de calor e pouco utilizados para os sintomas associados, como a irritabilidade e os distúrbios emocionais. O mais comum em nosso meio é o fenobarbital.

4. **Propranolol** — droga também indicada como alternativa para o tratamento dos sintomas vasomotores.

II. Vertigens

As pacientes pós-menopausais com freqüência relatam graus de vertigem rotatória e hipertensão arterial. A cinarizina bloqueia diretamente a vasodilatação e o edema (inchaço) dos vasos sanguíneos de menor calibre. Observa-se no início do tratamento ligeira sonolência, que desaparece espontaneamente. Aparentemente não há efeitos colaterais importantes com o uso dessa droga.

III. Enxaqueca e ondas de calor

A clonidrina é um medicamento importante no combate aos sintomas vasomotores das pacientes que não podem fazer uso da estrogenioterapia, além de ter efeito hipotensor. Também é usada nas enxaquecas. No entanto, apresenta como efeitos colaterais depressão, secura na boca e sedação, que podem desaparecer com o decorrer do tratamento.

IV. Sintomatologia psíquica

1. **Tranqüilizantes ou ansiolíticos** — são usados nos casos em que predomina a excitabilidade, em que a paciente fica ansiosa e muito excitada. A dose deverá ser indicada para cada caso. A droga mais utilizada é o cloxazolan.

2. **Antidepressivos** — são usados nas pacientes que apresentam melancolia e depressão. Se a administração do medicamento causar insônia, ele deve ser utilizado pela manhã. As drogas mais usadas são: cloridrato de maprotilina e pameato de imipramina.

3. **Tranqüilizantes ou ansiolíticos e antidepressivos** — são usados nos casos em que aparecem períodos de ansiedade seguidos por depressão. As drogas mais usadas são o bromazepam, a perfenazina e a amitriptilina.

4. **Antidepressivos tricíclicos** — mais do que excitantes, agem diminuindo a depressão. A imipramina e a amitriptilina são as drogas mais utilizadas.

5. **Benzodiazepínicos** — são utilizados no tratamento da ansiedade, especialmente nas fobias, como o medo. Os mais utilizados são o diazepam e o clodiazepóxido em pacientes mais idosas.

6. **Sulpirida** — existe um bom resultado na melhora dos sintomas orgânicos e do estado emocional nas pacientes submetidas ao tratamento com a sulpirida.

7. **Cloridato de buspirona** — droga eficaz e bem-tolerada, com indicação especial para as pacientes que precisam estar alertas, pois exercem atividades profissionais.

8. **Meprobamatos** — apesar de serem relaxantes musculares, também exercem o papel de ansiolíticos.

Muitas vezes a sintomatologia psíquica é intensa, e o tratamento medicamentoso é insuficiente. Nesses casos, uma psicoterapia de apoio se faz necessária.

Não é nenhum desdouro a mulher procurar ajuda, e o mito de que se está muito velha para procurar um psiquiatra ou psicólogo deve ser abolido em favor do bem-estar físico e mental.

V. Alternativas não-medicamentosas

1. **Ervas medicinais** — muitas drogas sintéticas existentes em nosso mercado foram criadas imitando as propriedades das ervas. Existem algumas ervas indicadas para o alívio dos fogachos da menopausa. Entretanto, se duas ou três xícaras de chá dessas infusões podem causar benefício, o uso em maior quantidade ou de várias ervas ao mesmo tempo só deve ser feito sob orientação médica especializada. As ervas mais utilizadas no climatério são: salsaparrilha, alcaçuz, framboesa vermelha, *cramp bark*, *black cohosh*, damiana, *gin-seng*, *don quai*, *squaw vine* e falsa "raiz de unicórnio".

Afirma-se que essas plantas contêm estrogênio e que estimulam o organismo a produzir seus próprios hormônios femininos.

2. **Chás caseiros** — como a erva-doce, a camomila e a erva-cidreira, são importantes nessa época. Além de calmantes, substituem o café, as bebidas alcoólicas, e representam maior ingestão de líquidos. Aliás, os elementos diuréticos naturais são indicados nessa fase, em que o organismo retém água e existe tendência a hipertensão.

VI. Psicoterapia de apoio

Será sempre indicada, acompanhada ou não de uma Terapia de Reposição Hormonal.

A resolução dos conflitos da mulher nessa fase da vida, de suas dúvidas e medos certamente exige paciência e compreensão, semelhantes às que são necessárias na ansiedade e depressão. Muitas vezes a mulher não tem, no seu convívio social e familiar, uma pessoa com quem conversar e tecer considerações sobre o que lhe está acontecendo. Um psicoterapeuta ocupará esse espaço e orientará a mulher com maior presteza e técnica.

A dieta alimentar, a vitaminoterapia e o tratamento não-hormonal para a osteoporose serão tratados em capítulos à parte.

Sabe-se que a associação das vitaminas B1 e B12 oferece nítida melhora dos sintomas climatéricos e não apresenta efeitos colaterais. Além disso, não altera o peso corpóreo e a pressão arterial.

22. Visita ao Médico e Auto-exame

Cada vez mais aumenta o número de mulheres no período do climatério que buscam orientação médica para um tratamento adequado visando aliviar os sintomas desconfortáveis, conseguir e manter uma boa qualidade de vida e prevenir a osteoporose, as moléstias cardiovasculares e o envelhecimento precoce.

Segundo a Organização Mundial de Saúde, existem no mundo mais de 750 milhões de mulheres na pós-menopausa. Como a expectativa de vida da população feminina vem aumentando gradativamente, a mulher vive mais de um terço de sua vida no período pós-menopausa em regime de carência hormonal. Em 1850, a expectativa de vida era de 40 anos; no início deste século, de 50, e atualmente, nos países desenvolvidos, varia de 77 a 84 anos. No Brasil, a expectativa de vida está ao redor de 66 a 70 anos, de acordo com o nível socioeconômico.

O médico, ao atender essas pacientes, deverá fazê-lo enfocando vários aspectos relacionados ao alívio dos sintomas e prevenindo as doenças crônicas. A prevenção e o diagnóstico precoce de câncer são um outro aspecto muito importante da consulta clínica nessa fase da vida, pois a década dos 40 aos 50 anos é a chamada "idade do câncer". A visita ao médico e os exames preventivos devem ser feitos anualmente e a cada seis meses ou menos, caso haja necessidade para a continuidade de um determinado tratamento.

ANAMNESE E EXAME FÍSICO

A escolha do médico talvez seja o fator mais importante de uma consulta. A comunicação entre o paciente e o profissional, a confiança que haverá entre ambos serão os indicadores de sucesso no diagnóstico e no tratamento.

A anamnese é um conjunto de dados que a paciente fornece ao médico, relativos à saúde atual, a problemas do passado, assim como questões decorrentes do climatério e da menopausa. Muitas mulheres têm dificuldade de mencionar algumas queixas, principalmente as relacionadas à esfera sexual.

A anamnese ou história da paciente abrange os seguintes tópicos:

1. *Histórico Pessoal*

— Antecedentes ginecológicos — número de gestações, tipos de partos, cirurgias anteriores, relacionadas ou não com o aparelho genital, e doenças crônicas.

— Mastopatias — são problemas que acometeram ou acometem as mamas.

— Doenças cardiovasculares.

— Doenças relacionadas aos vasos sanguíneos: varizes, tromboses, hemorróidas etc.

— Doenças do fígado (hepatopatias).

— Alergias e contra-indicações a determinados medicamentos.

— Medicação em uso por ocasião da consulta.

2. *Queixas e Sintomas*

— Menopausais — ondas de calor, suores intensos (mais à noite), irritabilidade, insônia, depressão, melancolia, dores de cabeça etc.

— Sintomas osteoarticulares — dores musculares, nas articulações e na região lombar.

— Sintomatologia geniturinária — prurido (coceira) na mucosa vaginal, disúria (dor na hora de urinar), vontade de urinar várias vezes (polaciúria) e incapacidade de reter a urina (incontinência urinária).

— Disfunções sexuais — alterações no desejo, freqüência e satisfação sexual, assim como dor e desconforto na hora do coito.

3. *Histórico Alimentar*

— Hábitos alimentares, ingestão de cálcio (através de laticínios em geral), fibras, doces e gorduras.

— Obesidade.

4. *Antecedentes Familiares*

— Doenças cardiovasculares.

— Diabetes.

— Osteoporose.

— Câncer (mama, útero e intestino).

5. *Exercícios*

— Tipos escolhidos, regularidade, freqüência, duração e intensidade.

6. Perfil Psíquico

— Conflitos pessoais, familiares ou no local do trabalho.

Foram criados alguns escores para a avaliação quantitativa da síndrome da menopausa. Os itens devem ser avaliados pelo médico na primeira consulta e depois periodicamente durante o tratamento de reposição hormonal. Esses escores são úteis na verificação dos benefícios do tratamento empregado nas pacientes.

Uma tabela, a mais utilizada, atribui um peso a cada um dos sintomas e dá nota à intensidade dos mesmos.

Índice menopausal — BLATT modificado.

Sintomas	Peso	Intensidade
		ausente(0) leve(1) moderado(2) grave(3)
ondas de calor	4	
suores	2	
formigamentos	2	
insônia	2	
dores nas articulações	2	
dores musculares	1	
cansaço	1	
dor de cabeça	1	
irritabilidade	1	
vertigem	1	

mudança de humor	1
palpitações	1
Total	19

O exame físico realizado na primeira consulta deverá avaliar a freqüência cardíaca, a pressão arterial e o peso da paciente. Deve-se examinar cuidadosamente a pele, cabelos, unhas e fazer uma boa consulta do coração e dos pulmões. O exame das mamas, do abdome e o toque vaginal são também imprescindíveis.

Exame Ginecológico

O exame começa com a área genital externa. O médico examina os grandes e pequenos lábios da vulva e o clitóris, para verificar se há sinais de infecção, irritação, edema (inchaço) ou vermelhidão.

Exame com Espéculo

Um aparelho metálico ou de plástico, semelhante a um bico de pato, é introduzido na vagina e depois aberto para afastar as paredes vaginais. Esse aparelho permite ao médico examinar a mucosa vaginal, assim como o colo uterino (porção do útero que se insere na vagina), verificando se há lesão, irritação, corrimentos e nódulos. Alguns médicos dispõem de um espelho para que as pacientes possam ver o colo uterino durante o exame. Uma lesão facilmente visível é o do ectópio do colo uterino, que é corrigido com cauterização ou com criocirurgia (congelamento).

Exame Bimanual ou Toque Ginecológico

A segunda parte do exame interno é feita com as duas mãos. O médico introduz dois dedos, protegidos por uma luva, dentro da vagina e pressiona vários pontos do baixo abdome com a outra mão (geralmente a esquerda). Isto lhe permite verificar (nas mais magras) o tamanho, a consistência e a forma dos ovários e do útero, perceber se estão flácidos ou intumescidos, ou se há alguma protuberância anormal (tumoração).

Exame do Reto

Em alguns casos há necessidade de se fazer um toque retal. Através dele, o médico poderá sentir a posição e o tônus dos órgãos pélvicos. Também examina o reto à procura de massas tumorais e lesões.

Exame Colpocitológico ou Papanicolaou

Este exame é feito enquanto o espéculo ainda está inserido na vagina. Utiliza-se uma espátula de madeira ou de plástico para raspar uma fina camada de células da cérvix uterina (colo). O tecido retirado é esfregado em uma lâmina de vidro, fixado com um produto químico e mandado a um laboratório anatomopatológico para avaliação. Esse exame é de extrema importância na prevenção do câncer do colo uterino, sendo eficiente em 95% dos casos. Entretanto, para o câncer dos ovários e do endométrio (camada interna do útero), ele apresenta um índice muito baixo de prevenção. Esses exames deverão ser feitos anualmente caso haja negatividade em dois sucessivos.

Existe uma classificação, de acordo com o resultado, em cinco categorias:

Tipo I: células normais.
Tipo II: células anormais de infecção.
Tipo III: pequena anormalidade sugestiva de alterações celulares.
Tipo IV: profundas alterações nas células.
Tipo V: câncer cervical.

O câncer progride muito lentamente. Portanto, se o teste for feito de rotina, as probabilidades de se detectar essas alterações num estágio inicial são muito grandes.

COLPOSCOPIA

O exame de Papanicolaou deverá, sempre que possível, ser orientado em sua colheita por um outro exame: a colposcopia.

O colposcópio é um aparelho semelhante a um microscópio, com incidência de luzes verde, azul e translúcida. Alguns corantes são pincelados, com um chumaço de algodão, no colo do útero. O teste de Shiller, à base de iodo, é o mais importante. A presença de zonas iodo-negativas mudas e a atipia dos vasos sanguíneos são alertas para a colheita do exame de Papanicolaou nesses locais, e exigem a repetição da colposcopia num período de no máximo até seis meses.

A persistência dessas zonas alteradas induz o médico a fazer uma biópsia no local e a enviar o material para estudos mais detalhados através de um exame anatomopatológico.

Exames Complementares

O diagnóstico da síndrome menopausal é essencialmente clínico, mas deve-se fazer periodicamente as dosagens hormonais. Nessa faixa etária, há também a necessidade de verificarmos alguns outros parâmetros de funcionamento do organismo.

Tabela de Exames Complementares

1. Mamografia.
2. Ultra-sonografia transvaginal.
3. Citologia vaginal voltada para a avaliação hormonal.
4. Densitometria óssea.
5. Exames laboratoriais — hemograma, dosagem de colesterol total e frações (HDL, LDL, VLDL), triglicerídios, glicemia de jejum, dosagem do ácido úrico sanguíneo, uréia, dosagem do cálcio no sangue e na urina de 24 horas.

De acordo com o critério clínico, solicita-se a dosagem do hormônio luteinizante (LH) e hormônio folículo-estimulante (FSH), pois esses dois hormônios são os primeiros a se alterarem no climatério.

Ainda são facultativas as dosagens de progesterona, prolactina, estradiol, estrona, testosterona e TSH, de acordo com cada caso clínico. A determinação da concentração plasmática oferece um parâmetro importante de avaliação. Concentrações menores de 25-35 pg/ml em uma mulher cujas menstruações já tenham cessado indicam uma menopausa que se estabeleceu com carência estrogênica. Concentrações acima de 50 pg/ml podem dispensar temporariamente um tratamento estrogênico de reposição se não houver sintomas clínicos.

Geralmente uma concentração de FSH acima de 40 UI/ml é freqüente na pós-menopausa com insuficiência estrogênica. Entretanto, FSH acima de 15 UI/ml já pode ser encontrado na fase do climatério perimenopausal. Outro hormônio que se eleva no climatério e menopausa é o LH, sobretudo na pré e pós-menopausa, apresentando um declínio progressivo cerca de três anos depois da última menstruação. A produção estrogênica ovariana decai no climatério, sobretudo a do estradiol, que desce para menos de 40 mg/dl. Existe também uma redução progressiva e acentuada dos níveis de progesterona.

No climatério, mais na fase da pós-menopausa, os hormônios masculinos (androgênios) se elevam na corrente sanguínea para serem convertidos no tecido periférico (gorduras) em estrogênios (estrona). Nesses casos, as dosagens dos hormônios, androstenediona, deidroepiandrosterona (DHEA) e testosterona devem ser pesquisadas, quando se fizer necessário.

A prolactina não sofre modificação em seus níveis na menopausa, e quando há elevação na taxa sanguínea deve-se pesquisar outras causas.

O médico tem a incumbência de rastrear e identificar as moléstias crônicas na mulher climatérica para o adequado e oportuno tratamento. O ginecologista tem, com maior freqüência, a oportunidade de fazê-lo, visto ser visitado rotineiramente e considerado pelas mulheres o médico de maior necessidade para a sua saúde.

Auto-Exame das Mamas

O câncer do seio é a principal causa de morte entre mulheres de 37 a 55 anos de idade. Embora um exame médico anual ajude a detectar alterações mamárias, o auto-exame feito mensalmente é mais valioso.

O auto-exame das mamas é fácil de ser feito e leva apenas alguns minutos. Muitas mulheres têm tanto medo que não conseguem procurar caroços por si mesmas. Outras não procuram um médico assim que encontram alguma alteração, na esperança de que a anomalia seja passageira.

O médico deve orientar a mulher, para que ela possa aprender a fazer esse exame, que consta de três etapas:

1. **Inspeção visual** — Deve-se ficar em pé na frente de um espelho, com os braços caídos ao longo do corpo. Verificar se não há alguma mudança na cor da pele ou na textura dos seios. Avaliar se os mamilos estão vermelhos, doloridos ou descamados, ou se estão virados para dentro (retração do mamilo). Examine os contornos dos seios nas seguintes posições:

— com as duas mãos cruzadas atrás da cabeça.

— com as mãos nos quadris e fazendo pressão para baixo.

— um pouco curvada para a frente.

Não deverá haver nenhuma prega, cavidade ou protuberância. A pele não deverá apresentar o aspecto de casca de laranja, e sim estar lisa como nas demais partes do corpo.

2. **Posição em pé** — Ficando ereta, coloque a mão direita atrás da cabeça e examine com a mão esquerda o seio direito. Repetir o mesmo para a outra mama. É aconselhável que esse exame seja feito durante o banho, pois com as mãos ensaboadas torna-se mais fácil sentir a textura do tecido das mamas.

3. Deitada de costas — Deve-se passar uma loção nas mãos para sentir mais facilmente os tecidos. Colocar a mão direita atrás da cabeça e um travesseiro sob o ombro direito. Com a mão esquerda examinar o seio direito, tomando o cuidado de manter os dedos planos e juntos. Com a parte mediana dos dedos (não com as pontas), apalpar de leve, e depois com mais força em todas as áreas, movendo os dedos em círculos. Devem-se fazer círculos na parte mais externa da mama, e quando completar a volta fazer outro círculo mais para dentro. Quando todo o seio for apalpado, aperta-se o mamilo para ver se não há secreção. Deve-se examinar também a área que vai da mama até a axila e ver se não existem nodulações.

23. A Andropausa

Antonio Assis Peixoto
Aldineia Martins

O homem não tem um marco que determine o término abrupto da fertilidade masculina. A mulher tem sua última ovulação, que corresponderá à derradeira menstruação, que é a menopausa.

Entretanto, o homem apresenta a andropausa endócrina, em que existe uma diminuição na virilidade masculina. Com o envelhecimento, ocorrem significativas alterações na produção dos hormônios, e principalmente na atuação dos mesmos quanto à sexualidade.

Além dessas alterações hormonais, o homem, com o avançar da idade, passa a apresentar problemas de saúde, tanto na esfera orgânica quanto na psíquica. Logo, o decréscimo da atividade sexual do homem está mais relacionado com a diminuição das condições físicas do que com a presença de uma disfunção sexual ligada à queda das taxas hormonais.

A faixa etária em que ocorre a andropausa endócrina coincide com a fase de vida em que o homem fica mais sujeito às doenças cardiovasculares, acidente vascular cerebral e problemas da próstata, bexiga e uretra. Portanto, verifica-se que existe uma íntima associação entre a disfunção sexual e o estado de saúde do indivíduo. Apesar de a disfunção sexual aumentar com a idade, na grande maioria das vezes ela está relacionada mais com determinadas doenças do que com a idade propriamente dita.

Alterações sexuais, como maior tempo de estimulação para atingir a ereção, menor volume de material ejaculado, rápida flacidez do pênis após o coito e maior período de intervalo entre uma ereção e outra, são alguns dos achados comuns em indivíduos idosos.

Se essas características, que podem ser consideradas normais com o avançar da idade, forem encaradas com pessimismo e depressão, poderão caminhar sem dúvida para uma disfunção na ereção e impotência sexual. A disfunção erétil e mesmo a impotência sexual masculina podem estar na queda dos níveis hormonais sanguíneos, principalmente dos hormônios gonadotropina e prolactina, e eles devem sempre ser avaliados na presença desse quadro clínico.

Nossa cultura desencoraja o interesse sexual e até ridiculariza o sexo nesta fase, o que faz com que o homem de meia-idade desenvolva muitas agressões à sua sexualidade, a qual deve ser exercida plenamente em qualquer idade. Algumas pessoas, quando chegam a uma certa idade, começam a se marginalizar da vida sexual. O estresse, as emoções e o desgaste podem levar à depressão, contribuindo significativamente para o declínio sexual. O uso de sedativos para minorar essa sintomatologia psíquica poderá agravar ainda mais a disfunção sexual.

Pacientes que sofreram infarto do miocárdio têm dificuldade em conseguir uma ereção seguida da ejaculação devido ao medo de que a relação sexual possa desencadear um novo problema cardíaco.

A tão propalada "idade do lobo", que ocorre na década dos 40 aos 50 anos, nada mais é do que o desespero de perceber que o tempo está passando e que a velhice é uma realidade cada vez mais próxima. O homem sente uma necessidade imperiosa de comprovar para si que ainda está viril, e capaz de procriar, com atrativos físicos para a conquista feminina.

Existe uma tendência muito grande de se atribuir à esfera psíquica a maioria dos sintomas da andropausa. Não devemos negar a existência desses fatores, mas eles são secundários à causa principal, que pode ser anatômica ou funcional.

Climatério Masculino e Andropausa

Não existe o climatério no homem, como ocorre na mulher. O climatério na mulher advém da diminuição do funcionamento dos ovários, havendo gradativamente a abolição da fertilidade (menopausa), com o aparecimento dos sintomas relativos a essa queda hormonal.

A andropausa pode começar ainda na vida adulta, pois as células dos testículos, responsáveis pela produção hormonal, podem diminuir a sua função independentemente da idade cronológica.

Entretanto, os sintomas dessa redução hormonal são vagos, como a queda da libido e da potência sexual, fadiga mental e cansaço físico mesmo aos exercícios leves. Nervosismo, irritabilidade, dor de cabeça, palpitação, falta de apetite, depressão e alterações emocionais são sintomas que também podem fazer parte da síndrome da andropausa.

Quando esses sintomas aparecem, devem-se dosar os hormônios masculinos 17-cetosteróides e testosterona no sangue. A baixa taxa dos mesmos indica a presença da andropausa, e a melhora da sintomatologia com a administração de testosterona é a prova definitiva de que existe a carência hormonal.

A andropausa ocorre quando a deficiência hormonal advém da hipófise ou do hipotálamo, órgãos que emitem as ordens para as células testiculares fabricarem os hormônios. O climatério masculino ocorre quando as quedas hormonais se devem à deficiência de fabricação dos hormônios pelas células dos testículos.

A andropausa é mais comumente encontrada entre os homens do que o climatério, mas não é muito importante definir se se trata de um ou de outro caso, pois o tratamento é o mesmo. Deve-se apenas evitar a tendência de se negar a existência de ambos e atribuir toda a sintomatologia à esfera psíquica.

Sabe-se que cada indivíduo tem uma resposta própria às estimulações sexuais, pois cada um herda uma capacidade de desempenho sexual. Mas nem todo indivíduo tem a mesma potencialidade para responder sexualmente. Vários fatores influenciam no estímulo a essa resposta sexual, como parceiro, condições de saúde, local das relações sexuais e disponibilidade de tempo. Qualquer alteração num desses fatores poderá levar a uma disfunção sexual.

Medicamentos que Alteram a Sexualidade Masculina

Muitos medicamentos, embora tenham sua indicação necessária para o combate de certas moléstias, podem afetar a função sexual. A maioria deles faz parte da família dos tranqüilizantes e antidepressivos e das drogas de combate à hipertensão arterial. Existem no entanto drogas para o tratamento da hipertensão arterial, como a hidralazina, que não exercem qualquer ação maléfica sobre a sexualidade masculina.

Os diuréticos, dependendo da dose e do tempo de uso, podem levar à disfunção de ereção e até a impotência. Entre os antidepressivos, os que causam menor dano são a fluoxitina e a trazadona. Entre os ansiolíticos, os melhores são o lorazepam, o alprazolam e a buspirona.

Os benzodiazepínicos e os barbitúricos levam à diminuição da excitabilidade em ambos os sexos. Algumas drogas usadas no tratamento de distúrbios digestivos, como a cimetidina e a ranitidina, dependendo do tempo de uso, podem causar disfunção na ereção. O álcool, a maconha, a heroína, as anfetaminas, a cocaína e o LSD são drogas que agem diretamente na sexualidade, prejudicando-a.

O tratamento hormonal da andropausa deve ser feito somente sob prescrição médica, pois pode causar câncer da próstata e agir negativamente sobre a ereção e os vasos sanguíneos, levando à aterosclerose e ao aumento da pressão arterial. Essas alterações podem tornar o ato sexual perigoso após certa faixa etária, e o tratamento deve ter sempre o acompanhamento médico.

Comentários Finais

A sexualidade do homem tende a permanecer até quando não existe a condição física de praticar o ato sexual. A libido e a ereção peniana são hormônio-dependentes e decairão se a taxa hormonal permanecer muito baixa por um longo período. Assim, a longevidade sexual no homem é proporcional à sua integridade física e psíquica. Portanto, a conduta sexual no homem da terceira idade deve ser analisada nos seus mínimos detalhes, desde o ambiente familiar e social até sua personalidade e condições físicas.

24. A Menopausa sob o Enfoque Masculino

Desde a adolescência os homens descobrem assustados que têm a força e o poder de atração sobre as mulheres. Com o passar do tempo e o exercício do sexo, os homens se amedrontam ao ver que têm que apresentar um ótimo desempenho numa relação sexual, e que após um orgasmo existe um período de calmaria sexual, enquanto as mulheres permanecem acesas, solicitando-lhes mais. O pênis é um alvo fácil para se demonstrar o fracasso, enquanto a vagina, por ser oculta, é misteriosa e tranqüila.

Chegamos ao fim do século com a mulher tendo alcançado equilíbrio e harmonia na busca da ampliação de seus potenciais. Com essa conduta, a mulher exigiu, lenta e gradativamente, que a medicina evoluísse e encontrasse soluções para o desconforto dos sintomas do climatério.

Essas mulheres, fruto dos movimentos radicais e extremistas das décadas de 60-70, são as que hoje estão vivenciando a menopausa. Muitas delas alargaram seus horizontes, e a maioria entrou no mercado de trabalho e consegue manter-se economicamente. Esta mulher autônoma busca um companheiro para o seu cotidiano, e não alguém que possa prover o seu sustento. Essa segurança da mulher atual muitas vezes desestabiliza o homem. Muitos homens passam a vida tentando prover alguma coisa, e ao se depararem com a andropausa (50-60 anos), convivendo com as doenças pertinentes a essa fase da vida, e tendo o espelho como inimigo, sentem-se inseguros. Uma pergunta se coloca: "Por que não se cuidaram como as mulheres?" Essa não é uma regra geral, mas ocorre na grande maioria das vezes.

A terapia de reposição hormonal garante à mulher um corpo saudável, que, integrado a uma "cabeça" equilibrada, ajusta a mulher a essa nova etapa da vida. O homem, que antes tinha que assumir o papel de vítima, ao conviver com mulheres irritadas, nervosas, depressivas e mal-humoradas, passa a antever uma nova perspectiva de convívio com uma mulher otimista e assumida em sua idade.

Mesmo aqueles que inicialmente se posicionaram contra a hormonioterapia, ao descobrirem os seus benefícios, irão aplaudir e estimular a mulher a continuar com o tratamento. Outros, egoístas e inseguros, ao verem suas mulheres dispostas e rejuvenescidas, tentarão dificultar a continuidade das reposições hormonais. Poderão entender que a mulher está buscando essa terapia não para minorar seus sintomas ou prevenir o envelhecimento. Podem entender esse esquema terapêutico como um luxo desnecessário. Outros, ao constatarem as mudanças positivas ocorridas em sua companheira, dispõem-se a arcar com todos os riscos e ônus para que a mulher continue com a terapêutica.

Cabe muitas vezes à mulher fazer o marido entender os benefícios que o tratamento está lhe propiciando, esforçando-se também para desviar dele qualquer resquício de ciúmes ou insegurança que possa existir.

Espera-se que, na entrada do novo milênio, o homem e a mulher se desarmem em suas competições e possam encontrar um terreno fértil para plantarem juntos uma nova ordem social, onde não haja dominadores e nem dominados.

25. Trabalho na Meia-idade

Em muitos países desenvolvidos, além dos tratamentos hormonais, dietas adequadas, técnicas de relaxamento e psicoterapia orientada, existem ainda grupos de apoio e aconselhamento profissional às mulheres climatéricas. Todos esses recursos são muito úteis para que a mulher enfrente os altos e baixos da meia-idade. Se a mulher está se sentindo muito oprimida pela depressão, está com o amor-próprio em desvalia e não consegue viver o dia-a-dia, talvez o aconselhamento profissional seja oportuno. Nesses países existem os terapeutas profissionais, muito escassos em nosso meio. Os terapeutas vêm de escolas de diversas linhas de pensamento e poderão adequar uma situação de terapia ocupacional certa para cada mulher.

Um grande problema na vida da mulher que sempre trabalhou fora de casa é que, no período perimenopausa, geralmente ela está enfrentando uma aposentadoria. Esse quadro vem se somar aos demais à sua volta, dando-lhe a sensação de "término", de ocaso de vida, e algumas se abatem diante dessa hipótese e se deprimem ainda mais. Outras vêem na aposentadoria apenas um ponto final na profissão exercida até então e a liberação para iniciar uma outra atividade profissional, ou apenas curtirem o merecido descanso. Outras, que sempre optaram por ficar em casa, sentindo-se inúteis com a saída dos filhos do lar e enfadadas com um relacionamento monótono com seus maridos, partem para uma atividade profissional.

Entretanto, o mais comum ocorre com a mulher que sempre trabalhou fora de casa: após a aposentadoria, sentindo-se vazia e inútil, decide voltar ao campo profissional.

Retornando ao Trabalho

Estudos demonstram que as mulheres climatéricas que trabalham fora de casa de uma forma geral têm melhor saúde física e mais amor-próprio do que as que permanecem em casa. Esses estudos confirmam o antigo consenso de que trabalhar é bom para a saúde.

Está comprovado que na grande maioria as mulheres que têm mais dificuldade com a menopausa são as donas-de-casa típicas, com muito pouco interesse fora do lar e da família. As que exercem um trabalho informal, fora de casa, ou um trabalho formal, talvez pelos atropelos da vida, nem se apercebem dos sintomas climatéricos, e atravessam a menopausa com menor número de queixas.

Embora exista o consenso de que voltar a trabalhar é bom para a mulher, nem sempre é um passo fácil de ser dado. Se ela ficou pouco tempo fora do campo profissional, esse retorno pode ocorrer de forma natural. Entretanto, se há uma lacuna de cinco anos ou mais, que razão deverá ser apresentada para a mulher reassumir o seu cargo? E se a mulher não tiver tido nenhuma experiência de trabalho nesse período?

Dificuldades na Volta ao Trabalho

A mulher que continua sua vida laborativa sem interrupção não terá maiores dificuldades para lhe dar continuidade mesmo após um período de afastamento, e não sofrerá entraves à sua volta. O número de obstáculos que uma mulher encontra ao voltar ao mercado de trabalho depende do nível de sua educação, de seu histórico profissional e do tipo de serviço que executava antes de abandonar a força de trabalho.

Algumas mulheres que decidem ficar em casa, por ser importante para elas estarem com os filhos, podem ao mesmo tempo agitar e movimentar suas comunidades. Identificando as necessidades de suas vizinhas, podem tomar iniciativas de incentivar as mudanças. Mantêm assim um compromisso com a sociedade de uma maneira informal. Essas mulheres, ao verem seus filhos saírem para estudar fora, ou se casarem, sentem a chamada "síndrome do ninho vazio", e decidem que um trabalho fora de casa seria muito salutar para estimulá-las a um outro tipo de vida, uma vez que estão se sentindo inúteis agora. A mulher que era apenas dona-de-casa pode ser mais combativa e se valer dessas habilidades utilizando-as no seu currículo e nas entrevistas para os futuros empregos.

A sociedade pouco valoriza o papel de dona-de-casa, e a mulher, após ter cumprido sua missão de mãe, tem de trabalhar fora de casa para resgatar sua dignidade e amor-próprio. Muitas vezes nessa fase é que se torna importante o terapeuta profissional, que fará com que a mulher perceba que tem habilidades aproveitáveis para o mercado de trabalho.

A mulher nessa fase talvez considere sua idade e falta de experiência barreiras muito grandes para um trabalho remunerado. Entretanto, a habilidade necessária para gerenciar uma casa, equilibrar o orçamento doméstico e dar assistência aos filhos, assim como seu trabalho junto a instituições religiosas e civis, demonstra aptidão para uma profissão remunerada. Às vezes é simplesmente uma questão de saber valorizar suas qualidades num currículo.

Se houver grandes lacunas no histórico de trabalho, deve-se apresentar um currículo funcional, em vez de cronológico padronizado. No funcional, a experiência profissional é relacionada sob tópicos de assuntos, tais como: "Experiência Gerencial" ou "Habilidades com Relações Públicas", mais do que por datas e nomes de empresas. A idéia é aguçar o interesse do chefe em potencial, antes que ele cheque as referências. É aconselhável saber com antecedência como a candidata irá enfrentar as perguntas mais problemáticas que surgem numa entrevista de emprego para torná-las positivas. Se a mulher pensar que a sua idade será encarada como um possível risco, deve ficar preparada para convencer o empregador em potencial de que, na verdade, esse é um requisito valioso. Ela é madura e estável. Está interessada em iniciar um novo marco em sua vida, tendo entusiasmo de começar um novo trabalho e aprender o que for necessário. Nessa fase da vida a mulher não iria mais tirar licença-maternidade nem fazer malabarismos para acertar o horário de trabalho com as necessidades de filhos pequenos, e pretende dedicar muitos anos produtivos às suas funções. Mulheres mais jovens, recém-saídas da escola, não oferecem esses mesmos atributos.

Trabalho Social

Quando a mulher não precisa do dinheiro que virá do seu trabalho, poderá exercer uma atividade voluntária, e não terá com que se preocupar. Talvez o exercício de uma dessas funções seja o degrau para um emprego remunerado ou uma maneira gratificante de ocupar o seu tempo. Para muitas poderá ser um meio de obter confiança e adquirir novas habilidades.

O trabalho voluntário é uma saída para a mulher que sente falta do que fazer. Com os filhos fora de casa, poderá exercer alguma função junto aos orfanatos ou hospitais infantis. Isso faz com que ela sinta que está fazendo algo valioso em sua vida.

A Decisão de Ficar em Casa

É injusto rotular donas-de-casa como enfadadas e insatisfeitas. Um salário ao final de cada mês não é a única medida de autovalorização. Mulheres que durante toda uma vida sempre exerceram a sua atividade de mãe, esposa e dona-de-casa podem continuar optando por esse tipo de vida, ou então fazer uma reviravolta, jogar tudo para cima e iniciar uma vida de trabalho fora de casa.

Outras mulheres se sentem socialmente pressionadas para voltar a trabalhar, mesmo que seja algo de que realmente não precisam e nem queiram fazer. Ela poderá optar por ficar em casa, mesmo que tenha tido uma vida profissional intensa fora do lar.

Há muitas escolhas de trabalho para a mulher de meia-idade. Hoje em dia ela poderá voltar a trabalhar e até mesmo mudar de profissão trabalhando em tempo integral ou parcial. Poderá voltar a estudar ou continuar como dona-de-casa. A questão de escolha é às vezes um processo, que dependerá de tempo para o seu amadurecimento.

Talvez nas gerações passadas isso fosse mais simples, quando os papéis das mulheres eram bem definidos. Em compensação, provavelmente não era tão emocionante. Pela primeira vez na história a vida está realmente começando aos 40 anos. As mulheres estão tendo menor número de filhos e vivendo mais, o que significa que possuem muitos anos de produtividade depois que o último filho deixa o lar. A escolha do que fazer com esses anos depende de cada uma.

Se o processo de tomar a decisão é angustiante, pode ser também revigorante. A mulher que está nessa fase de vida pode ter a sensação de que está acabada ou poderá ver a sua vida daqui para a frente como um tempo especial, no qual se exploram novas possibilidades e se estabelecem novos objetivos.

26. Grupos de Apoio

No início do século, menopausa significava o fim da vida da mulher, pois apenas 6% delas eram pós-menopáusicas. Em 1996, estima-se que 50% das quase três bilhões de mulheres têm mais de 49 anos. Infelizmente, menos de 2% das menopáusicas receberão terapia de reposição hormonal, anualmente.

Segundo dados do censo de 1991, do Instituto Brasileiro de Geografia e Estatística — IBGE, as mulheres com mais de 40 anos representam 24% do universo feminino brasileiro, aproximadamente 18 milhões de pessoas.

O mesmo Instituto prevê que no ano 2000 as mulheres com mais de 40 anos serão um grupo de quase 24 milhões de pessoas, isto é, 28% do universo feminino.

O crescimento da população idosa também é uma realidade. Na América Latina, entre 1980 e o ano 2000 haverá um aumento de 120% da população total, enquanto o aumento da população acima de 60 anos será de 236%.

No Brasil, o aumento da população idosa será da ordem de 15 vezes, entre 1950 e 2025, enquanto o da população comum num todo será ao redor de cinco vezes no mesmo período. No ano 2025, o Brasil terá a sexta população de idosos no mundo.

Participação das mulheres acima de 40 anos no total de mulheres/Brasil.

1950 — 17,5%

1960 — 18,2%

1970 — 19,3%

1980 — 21,2%

1991 — 24,1%

2000 — 28,0%

— Fonte: IBGE

O quadro comprova que o impacto das conseqüências do climatério nas mulheres não pode ser mais desconsiderado. As implicações na sociedade fazem com que o climatério seja tachado como um problema de saúde pública.

Segundo o cientista norte-americano Charles Winslow, saúde pública é a ciência e a arte de prevenir doenças, prolongar a vida e promover a saúde e a eficiência física e mental, através de esforços organizados da comunidade para o saneamento do meio, controle das doenças transmissíveis, organização dos serviços médicos e de enfermagem, diagnóstico precoce e tratamento preventivo de doença e o desenvolvimento da maquinaria social, de modo a assegurar a cada indivíduo na comunidade um padrão de vida adequado à manutenção da saúde.

O professor Ronald Bossemeyer atribui várias características encontradas no climatério que definem saúde pública: duração, receptibilidade, importância, universalidade, previsibilidade, preventibilidade, repercussão econômica e transcendência social. Por essa colocação, enquadra o climatério como um problema de saúde pública. No Brasil, o tema climatério vem ganhando relevância, e deveria receber maior atuação dos setores públicos.

Há pouco mais de dois anos o Ministério da Saúde implantou um programa de Assistência à Saúde no Climatério, pertencente ao Programa de Assistência à Saúde da Mulher, funcionando muito precariamente apenas em grandes centros.

O programa deveria atuar juntamente com as secretarias estaduais e municipais de Saúde, a fim de elucidar a mulher quanto ao climatério e à menopausa, além da prevenção do tratamento.

Pesquisa realizada em 1995 nos Estados Unidos pelo Instituto Gallup revelou que 44% das mulheres americanas com idade entre 45 e 60 anos estavam satisfeitas com as informações sobre menopausa que recebiam de seus médicos. Como se sentem as mulheres brasileiras a esse respeito? Certamente estão muito menos esclarecidas.

Num debate atual nos países desenvolvidos, houve o consenso de se estabelecer a saúde da mulher como uma especialidade médica à parte. Os defensores desta proposta afirmam que a medicina se baseou por muito tempo nos modelos masculinos. Nem todos estão convencidos de se criar uma nova especialidade, mas a maioria entende que deveria haver um enfoque mais orientado para a saúde da mulher.

É obrigação do sistema de saúde como um todo, e do médico em particular, prestar atendimento adequado às mulheres menopausadas, bem como atuar preventivamente, propiciando-lhes melhor qualidade de vida.

Entretanto, países em desenvolvimento como o nosso apresentam deficiências múltiplas em inúmeros setores vitais (planejamento, educação, orçamento etc.), que dificultam o manejo dessas condições e as transformam em questões de saúde coletiva ou pública.

Diante da ineficiência dos serviços públicos de saúde, que terminaram por elitizar o tratamento do climatério e menopausa, restringindo-o a uma pequena faixa social, a comunidade tem encontrado soluções paralelas, criando grupos de apoio, que não são mais especificamente voltados à terceira idade.

O ideal entretanto seria que fossem criados serviços de esclarecimento, educação e apoio apenas à mulher climatérica, através de grupos sociais, clubes, igrejas, entidades representativas de categorias profissionais, ou até mesmo reuniões informais nas próprias casas.

É muito importante e saudável poder conversar sobre esses problemas com pessoas que estejam vivenciando algo semelhante. Algumas pessoas mais tímidas têm dificuldades em apresentar sua experiência, mas têm aptidão para ouvir as demais, e se sentirão muito bem ao ver que outras mulheres estão se sentindo exatamente como elas.

Desde 1960, disseminou-se a prática dos grupos de tomada de consciência, e desenvolveu-se o conceito de grupo de apoio. O grupo de apoio não deverá ser muito numeroso (no máximo 12 mulheres), e deve-se escolher uma mediadora, que, além de ter experiência em liderança de reuniões, deverá ter trânsito livre entre as demais integrantes do mesmo.

Deverá haver um compromisso prévio de que todas as conversas particulares permanecerão sob absoluto sigilo. Cada grupo de apoio descobrirá que tem suas necessidades e preocupações específicas, que ditarão a pauta a ser discutida em cada reunião. Pode-se também providenciar conferencistas profissionais para dinamizar as reuniões, onde haverá debates e perguntas, e cada mulher terá a oportunidade de falar.

Entretanto, o maior grupo de apoio é o ambiente familiar. Um marido compreensivo, filhos receptivos, uma família equilibrada e amigos conseguem fazer milagres para colocar os problemas sob um enfoque correto e mais facilmente contornável.

De uma forma geral, as mulheres dizem que a experiência de participação em grupo de apoio é fantástica e sentem muito prazer em compartilhar seus sentimentos nessa fase tão conturbada de suas vidas.

Um apoio fundamental para o esclarecimento das diversas camadas sociais tem sido dado através da imprensa escrita e televisada. Vários programas e artigos educam as mulheres, orientando-as em como proceder diante do impasse do climatério e da menopausa. Vários livros também têm sido publicados, sobre esse período da vida feminina, contribuindo para que cada vez mais esse tema venha a ser desmitificado.

O movimento de liberação feminina, nos últimos 20 anos, consolidou a amizade entre as mulheres. Na última década, elas têm conseguido falar sobre o que obtêm de outras mulheres e o que lhes é proporcionado pelos homens. Atualmente as mulheres não acham secundária a dedicação de certo tempo de suas vidas ao convívio com as amigas, social ou esportivamente. Esse convívio salutar certamente trará um envelhecimento com maior serenidade.

27. A Arte de Envelhecer Bem

"Para envelhecer bem, não se deve parar de aprender."
Sólon, Grécia antiga

As mulheres que atualmente estão vivenciando o período da perimenopausa podem se considerar privilegiadas, pois são frutos das mudanças obtidas nas quatro últimas décadas.

A mulher não só luta pelo seu espaço nos campos familiar, social e de trabalho, como também cuida mais de sua saúde. Sem dúvida, nunca a mulher viveu tanto, gozando de boa saúde e disposição, tendo tantas opções profissionais.

A mulher de 40 anos deixou de ser rotulada de "velha", pois o orgulho de ser mulher "amadurecida" faz com que ela se torne atraente e cheia de confiança. Pode até mesmo voltar aos bancos universitários, mudar de profissão e, com sua atitude, encorajar as mulheres mais jovens da sua área de ação, a verem o climatério de uma forma diferente, sob novas luzes.

Há menos de meio século as mulheres sentiam-se obsoletas e sem motivação de vida após a menopausa. Hoje ela já começa a encarar a perda da fertilidade com sensação de alívio, pois pode livrar-se dos incômodos métodos anticonceptivos e dos ciclos menstruais.

Os mitos sobre a menopausa começam a desaparecer lentamente, e os meios de comunicação, principalmente a TV, começam a debater o tema de forma ampla, educando cada vez mais a mulher a respeito do climatério. Também a televisão é responsável pela dismitificação de que a mulher de meia-idade seja inativa, ou mesmo uma avó sorridente, cuja vida já alcançou seu objetivo. Cada vez mais a literatura leiga, assim como as telenovelas, apresentam situações em que as mulheres se relacionam com homens mais jovens, mudando os conceitos enraizados de limitar a vida afetiva e sexual da mulher nessa faixa etária.

Os trabalhos científicos vêm demonstrando as mudanças da mulher frente ao climatério, deixando cada vez mais de serem neuróticas e deprimidas e continuando a apreciar o sexo satisfatoriamente até a velhice.

É certo que as doenças e enfermidades aumentam conforme se vai ficando mais velha, mas se bem orientada a mulher poderá enfrentar a menopausa muito saudável e ainda cheia de vitalidade. Além das reposições hormonais, uma boa nutrição e exercícios físicos devem fazer parte da rotina diária, podendo transformar os anos da meia-idade.

A velhice não é uma conclusão necessária da existência humana, e sim uma fase da vida, diferente da juventude e da maturidade, dotada de equilíbrio psíquico, e deixando aberta ao indivíduo uma gama enorme de possibilidades. A autoconfiança aumenta à medida que se envelhece. "Ah! Se a juventude soubesse e a velhice pudesse." Pode-se associar ambas as situações, pois a sabedoria de viver poderá ser aliada à capacidade de querer e poder. Basta apenas cuidar da saúde, mantendo a mente aberta. Ser mais velha é uma coisa maravilhosa quando se envelhece vivendo cada fase da vida, sem que a velhice tenha chegado de uma forma inesperada e até traiçoeira.

A verdadeira velhice está no fato de se pensar que não há mais nada por ser feito, quando a cada etapa da vida descobrimos mais e mais coisas por serem realizadas.

Embora não se possa fazer nada para deter a marcha do tempo, a mulher pode se cuidar para sentir-se ótima, em qualquer idade. Para chegar aos 80 anos de idade com a cabeça e o corpo de 50 anos, a mulher deve aprender a lidar com a menopausa. E quanto mais cedo melhor!

DECÁLOGO DO ENVELHECER

ENVELHECE-SE QUANDO:

1. A impaciência e a intransigência impedem o diálogo.
2. Novas idéias não são aceitas e radicaliza-se o pensar.
3. O pensamento, ao final de seu turno, não consegue acrescentar nada de positivo.
4. O egoísmo faz esquecer os demais.
5. A preocupação é exagerada, seguida de culpa por não se ter tanto motivo para se preocupar.
6. Não se ousa enfrentar uma situação, já antevendo o preço que deverá ser pago, mesmo que os fatos demonstrem não ser essa a verdade.
7. As emoções são abafadas pelas regras da razão.
8. O valor material supera o espiritual e valoriza-se muito mais o ter do que o ser.
9. Diante da chance de amar, surge a dúvida se valerá a pena correr o risco de se entregar.
10. O cansaço e o desalento invadem a alma e só restam lamentações.

Envelhece-se, enfim, quando se pára de lutar.

28. Pequeno Glossário Médico para Uso dos Leitores

ADRENALINA — substância produzida pelas células nervosas.

ASSINTOMÁTICA — sem sintomas.

ATEROMAS — placas de gordura que se acumulam nas paredes arteriais, causadoras de aterosclerose.

ATEROSCLEROSE — doença que enrijece e reduz o calibre das artérias, diminuindo o fluxo sanguíneo.

ARTERIOSCLEROSE — igual a aterosclerose.

ATROFIA — redução significativa de uma determinada região ou unidade funcional do organismo.

ANTICONCEPÇÃO — métodos para se evitar a gravidez.

ANDROGÊNIOS — hormônios masculinos.

AMENORRÉIA — falta de menstruação.

ANTIOXIDANTE — substância que revitaliza as células oxidadas, desgastadas.

BIÓPSIA — retirada de tecido para estudo.

BRONCOPNEUMONIA — doença infecciosa dos pulmões.

CALCITONINA — hormônio produzido pela tireóide que atua sobre o tecido ósseo, protegendo-o.

CARCINOMA — tumor cancerígeno.

CARDIOVASCULAR — referente ao coração, artérias e veias.

COLESTEROL — gordura encontrada no sangue e tecidos do organismo.

COLO DO FÊMUR — região em que o fêmur se articula com a bacia.

COLO DO ÚTERO — região baixa do útero, que fica no fundo da vagina.

CORPO AMARELO OU LÚTEO — estrutura ovariana oriunda do folículo após a ovulação, que produz progesterona.

CORTICAL DO OSSO — parte compacta do osso.

CATABOLISMO — destruição pelo próprio organismo.

DIABETES MELLITUS — mal produzido pela deficiência da insulina secretada pelo pâncreas.

DIURÉTICOS — substâncias que aumentam o volume urinário.
EPIDERME — camada superficial da pele.
ESTRESSE OXIDATIVO — desequilíbrio que provoca o aumento dos radicais livres.
ESTRONA — substância de função semelhante ao estrogênio.
ESTROGÊNIO — hormônio ovariano feminino.
ENDOCRINOLOGIA — estudo dos hormônios.
EDEMA — alteração causada pelo acúmulo de líquidos.
ENDÓCRINO — relativo às glândulas.
ENDOMÉTRIO — mucosa que reveste o interior do corpo uterino.
ESTROGÊNIO — hormônio ovariano feminino.
ESTROGENIOTERAPIA — terapia realizada com reposição de estrogênios.
ESTRADIOL — frações do hormônio feminino.
FATORES DE RISCO — fatores conhecidos, que podem aumentar a probabilidade de uma determinada doença.
FOGACHOS — sensação súbita de calor mais sufocação referida pelas mulheres climatéricas.
FADIGA SEXUAL — monotonia sexual causada por falta de imaginação e repetição de atos iguais entre o casal.
FISIOLÓGICO — funcionamento dos órgãos.
FSH — (hormônio folículo-estimulante) — é uma gonadotrofina.
GONADOTROFINA — hormônio produzido pela hipófise, que atua sobre os ovários.
GÔNADAS — glândulas produtoras de hormônios.
HDL — lipoproteína de alta densidade.
HDL-COLESTEROL — gordura benigna que protege as paredes dos vasos sanguíneos contra a aterosclerose.
HIPERPLASIAS — aumento exagerado dos tecidos.
HIPOESTROGENISMO — baixo nível de estrogênio no sangue.
HIPÓFISE — glândula localizada na base do cérebro.
HISTERECTOMIA — retirada do útero por cirurgia.
HORMONIOTERAPIA — terapia das doenças feita através de hormônios.
HIPERPILIFICAÇÃO — excesso de pêlos em determinadas áreas do corpo humano.
HIPOTÁLAMO — glândula situada na base do cérebro que emite todas as ordens para as demais glândulas do corpo.
HIPOCALÓRICA — dieta com baixas calorias.
INFARTO DO MIOCÁRDIO — doença cardíaca aguda, grave, decorrente da interrupção abrupta da irrigação sanguínea do músculo cardíaco.
LIBIDO — desejo sexual.
LH (hormônio luteinizante) — é uma gonadrotrofina.
LIPOPROTEÍNAS — gorduras circulantes na corrente sanguínea.
MASSA ÓSSEA — quantidade de tecido ósseo.
MENARCA — primeira menstruação.

METABÓLICAS — relativas ao metabolismo.

METABOLISMO — conjunto de reações segundo as quais se fazem a assimilação e desassimilação de substâncias necessárias à vida.

MORBIDADE — relativo a doença. Acometimento do organismo por uma enfermidade.

MAMOGRAFIA — radiografia das mamas.

METÁSTASES — disseminação de um tumor maligno para outros locais além do originário.

MICÇÃO — ato de urinar.

MÚSCULO ORBICULAR — musculatura ao redor dos olhos.

MUCO CERVICAL — muco proveniente do canal uterino.

NEOPLASIA — tumoração benigna ou maligna.

OSTEOMUSCULAR — sistema de ossos e músculos que mantém o corpo humano ereto.

OSTEOPENIA — perda óssea natural.

OSTEOPOROSE — perda óssea excessiva que torna os ossos incapazes de cumprir sua tarefa de sustentação do corpo.

ORGÁSTICO — relativo ao orgasmo.

ÓVULO — célula sexual feminina, formada no ovário.

OVULAÇÃO — liberação do óvulo pelo ovário.

OVÁRIO — órgão que contém os óvulos. Fábrica de hormônios.

OSSO PÚBIS — osso que fica na região baixa do abdome.

PARIDADE — relativo a ter filhos.

PERIMENOPAUSA — período em torno da menopausa.

PROGESTOGÊNIO, PROGESTÁGENO OU PROGESTÍNICO — substâncias com efeito similar à progesterona.

PROGESTERONA — hormônio feminino que aparece após a ovulação.

PROSTAGLANDINAS — termo que engloba inúmeras substâncias naturais, com efeito em múltiplos sistemas do organismo. Envolvidas no controle das ovulações, da menstruação e dos processos inflamatórios.

PUBERDADE — fase do início da vida reprodutiva e sexual da mulher.

PLAQUETAS — fator sanguíneo responsável pela coagulação.

RADIAÇÃO — quantidade da incidência de raios X em um exame.

SENECTUDE — velhice.

SÍNDROME DE DOWN — conjunto de anomalias congênitas que conduzem à debilidade mental.

SUBCUTÂNEO — abaixo da pele.

SALUTAR — referente à saúde.

SISTEMA IMUNOLÓGICO — sistema de defesa do organismo.

TESTOSTERONA — hormônio masculino, normalmente secretado pelos ovários e glândulas supra-renais.

TRANSDÉRMICA — via de administração medicamentosa utilizando dispositivos aderidos à pele que controlam a taxa de liberação do fármaco.

TRAVES ÓSSEAS — nome dado às unidades ósseas no interior dos ossos trabeculares.

TROMBOS — coágulos.

TUMOR PRIMÁRIO — tumor onde se iniciou originalmente o câncer.

TRH — Terapia de Reposição Hormonal.

TENESMO — contração espástica da musculatura de um órgão.

UI — Unidades Internacionais. Medida utilizada mundialmente para quantificar substâncias.

UROGENITAL — relativo aos aparelhos genital e urinário.

Leitura Recomendada

LIVROS

— MENOPAUSA — Pinotti José Aristodemo, Halbe Hans e Hegg Roberto, Rocca, São Paulo, 1995.
— MENOPAUSA — A GRANDE TRANSFORMAÇÃO — Trien Susan Flamholtz, Editora Rosa dos Tempos, Rio de Janeiro, 1991.
— CLIMATÉRIO X MENOPAUSA — coleção de quatro fascículos, Palácios Santiago, Miroal, Espanha, 1993 e distribuída no Brasil pela Shering Alemania, 1994.
— O PRAZER DE SER MULHER — Albertina Duarte, Editora Rosa dos Tempos, Rio de Janeiro, 1991.
— SÍNDROME DO CLIMATÉRIO — Guarnieri, Fonseca, Salvatore, Rocca, São Paulo, 1986.
— NOÇÕES DE GINECOLOGIA — Bastos Alvaro da Cunha, Atheneu, São Paulo, 1982.
— CLIMATÉRIO — Marinho Ricardo e colaboradores, Livraria e Editora Saúde, Belo Horizonte, 1995.
— MEDICINA ORTOMOLECULAR/FISIOTERAPIA — Balch/Balch, USA, 1994.
— MEDICINA ORTOMOLECULAR — COMO COMBATER OS RADICAIS LIVRES — R. Youngron, USA, 1995.
— THE OSTEOPOROSIS HANDBOOK — Sydney Lou Bonnick, M.D., FACP, Taylor Publishing Company, Texas — USA, 1994.
— SINOPSE DE GINECOLOGIA ENDÓCRINA — Geraldo de Lima e Eduardo C. Baracat — Editora Atheneu, São Paulo, 1995.
— THE TREATMENT OF THE POSTMENOPAUSAL WOMEN — BASIC AND CLINICAL ASPECTS — Lobo, R.A. Roven Press, Nova York, 1994.

ARTIGOS

— JORNAIS DA SOCIEDADE BRASILEIRA DE CLIMATÉRIO E MENOPAUSA, São Paulo.

— CLIMATÉRIO — Âmbito Editora Ltda., publicado e distribuído pela Carlo Erba, São Paulo, 1994.

— FOLHA DO CLIMATÉRIO — 1994 — Documento do Sétimo Congresso Internacional sobre Menopausa, Estocolmo, Suécia, São Paulo, 1993.

— INFORME CIENTÍFICO, 1994 — Amenorréia Hipergonadotrópica de Mulheres Jovens (Climatério Precoce) — Angela Maggio da Fonseca, Hans Wolfgang Halbe, José Aristodemo Pinotti, distribuído pela Informe Científico — Atualização — 1995. Terapia de Reposição Hormonal, São Paulo, 1994.

— SINOPSE DE GINECOLOGIA E OBSTETRÍCIA — Nº 2 — Introdução à Clínica de Mulheres Menopausais — Trabalho realizado no LIM, FMUSP e na Clínica Ginecológica da Faculdade de Medicina da Universidade de São Paulo, São Paulo, maio/95.

— TERAPIA DE REPOSIÇÃO HORMONAL: Benefícios, Riscos e Acompanhamento da Paciente, Philip Sarrel, publicado nos EUA e distribuído no Brasil pelo Fontoura Wyeth, 1995.

— HORMONIOTERAPIA NO CLIMATÉRIO: Perguntas e Respostas de Salim Wehba e César Eduardo Fernandes, Volume I, Volume II, editados em 1996, distribuídos pela Biogalênica, São Paulo, AP. Americana de Publicações Ltda, 1995.

— NEWS X VIEWS — publicação dos Laboratórios Organon, São Paulo, 1994/95.

— TIME — International Estrogen, EUA, Junho de 1995.

— SIMPÓSIO INTERNACIONAL — XII Congresso Pan-americano de Endocrinologia — Novos aspectos no Tratamento da Menopausa.

— MENOPAUSE DIGEST — distribuído pela Organon do Brasil, São Paulo, 1994.

— JORNAL DO OSSO — distribuído pela Merck do Brasil, São Paulo, 1995/96.

— COMPACTO GINECOLÓGICO — distribuído pela Bayer, São Paulo, 1994/95.

— ORGYM — distribuído pela Organon do Brasil, São Paulo, 1995.

— JORNAL DA OSTEOPOROSE — distribuído pela Sandoz do Brasil, São Paulo, 1995/96.

— TRENDS IN OSTEOPOROSIS — Efeito da calcitonina na massa óssea e nas taxas de fraturas, de Jean-Yeves. Regnister, MD, EUA, 1993.

— BRITISH MEDICAL JOURNAL — Volume 305, pág. 556-57 — efeito da calcitonina de salmão administrada por via intranasal sobre a massa óssea, Londres, 1992.

— COMPACTA GINECOLÓGICA — Nº 5, Osteoporose: aspectos atuais, São Paulo, 1995.

— SINOPSE DE GINECOLOGIA E OBSTETRÍCIA — Nº 2 maio/1995 — Estrogênio e densidade óssea em mulheres idosas, São Paulo, maio/1995.

— OSTEOPENIA E OSTEOPOROSE — de Vera Lucia Szejnfeld e José Mendes Aldrighi, São Paulo, 1993.
— MATURISTAS — pp. 259-285. Elsevier Scientific Publishers Iseland, Effects of Postmenopausal Estrogenprogestogen Replacement Therapy on Serum Lipids and Lipoproteins: A review, EUA, 1990.
— ESQUEMAS CLINICOVISUAIS EM GINECOLOGIA — de Joaquim Nerrull Sibina e Alfonso Vergés Torres. Barcelona, 1995 — distribuído no Brasil pelo Aché Laboratórios Farmacêuticos, São Paulo, 1995.
— INFORMAÇÕES SOBRE A TERAPIA DE REPOSIÇÃO HORMONAL — distribuído pelo Schering do Brasil, São Paulo, 1995.
— SINOPSE DE GINECOLOGIA E OBSTETRÍCIA — Nº 4 — Prevenção do acidente vascular cerebral e estrogênios, São Paulo, setembro/95.
— ASPECTOS UROGENITAIS DA TERAPIA DE REPOSIÇÃO HORMONAL — 1995, especial Orgyn — Queixas urogenitais e qualidade de vida, São Paulo, Laboratório Fontoura Wyth.
— REPRODUÇÃO E CLIMATÉRIO — 10(1): 16-20, Hormonioterapia de reposição e câncer de mama.
— FEMININA — Junho/94 — Vol. 22 Nº 6 — Esquemas da terapêutica hormonal de reposição no climatério, de Nilson Roberto de Melo, Salim Wehba, Carlos Eduardo Fernandes, Luciano de Melo Pompei e José Aristodemo Pinotti, São Paulo.

Impresso no Brasil pelo
Sistema Cameron da Divisão Gráfica da
DISTRIBUIDORA RECORD DE SERVIÇOS DE IMPRENSA S.A.
Rua Argentina 171 — 20921-380 Rio de Janeiro, RJ — Tel.: 585-2000